TRAUMA E MEMÓRIA

CIP-BRASIL. CATALOGAÇÃO NA PUBLICAÇÃO
SINDICATO NACIONAL DOS EDITORES DE LIVROS, RJ

L645t

Levine, Peter A.
    Trauma e memória : cérebro e corpo em busca do passado vivo : um guia prático para compreender e trabalhar a memória traumática ; prefácio Bessel A. Van der Kolk / Peter A. Levine ; tradução Ivana Portella Hoch. - 1. ed. - São Paulo [SP] : Summus, 2023.
    200 p. : il. ; 21 cm.

    Tradução de: Trauma and memory : brain and body in a search for the living past
    Inclui bibliografia
    ISBN 978-65-5549-112-8

    1. Trauma psíquico. 2. Distúrbios da memória. 3. Transtorno de stress pós-traumático. I. Hoch, Ivana Portella. II. Van der Kolk, Bessel. III. Título.

23-84104   CDD: 153.13
                                                                           CDU: 159.953

Gabriela Faray Ferreira Lopes - Bibliotecária - CRB-7/6643

www.summus.com.br

Compre em lugar de fotocopiar.
Cada real que você dá por um livro recompensa seus autores
e os convida a produzir mais sobre o tema;
incentiva seus editores a encomendar, traduzir e publicar
outras obras sobre o assunto;
e paga aos livreiros por estocar e levar até você livros
para a sua informação e o seu entretenimento.
Cada real que você dá pela fotocópia não autorizada de um livro
financia o crime
e ajuda a matar a produção intelectual de seu país.

PETER A. LEVINE

TRAUMA E MEMÓRIA
Cérebro e corpo em busca do passado vivo

Um guia prático para compreender
e trabalhar a memória traumática

Autor de O *despertar do tigre* e *Uma voz sem palavras*

Prefácio de Bessel A. van der Kolk

summus
editorial

Do original em língua inglesa
TRAUMA AND MEMORY — BRAIN AND BODY IN A SEARCH FOR THE LIVING PAST
Copyright ® 2015, 2023 by Peter A. Levine
Direitos desta tradução adquiridos por Summus Editorial

Editora executiva: **Soraia Bini Cury**
Edição: **Janaína Marcoantonio**
Tradução: **Ivana Portella Hoch**
Revisão técnica: **Liana Netto**
Revisão: **Mariana Marcoantonio**
Capa: **Alberto Mateus**
Projeto gráfico e diagramação: **Crayon Editorial**

2ª reimpressão, 2025

Créditos das imagens:
Fotos nas páginas 103–113: © Laura Regalbuto
Foto na p. 133 (topo): Usada com a permissão de
The Meadows Addiction Treatment Center © 2012
Todas as outras fotos e ilustrações: © Justin Snavely

Trauma and memory — Brain and body in a search for the living past
foi patrocinado pela Society for Study of Native Arts and Science, instituição sem fins lucrativos com sede em Berkeley, na Califórnia, cujos objetivos são desenvolver uma perspectiva educacional e transcultural inter-relacionando os campos científico, social e artístico; cultivar uma visão holística de arte, ciência, humanidades e saúde; e publicar e
distribuir literatura para a integração mente, corpo e natureza.

Summus Editorial
Departamento editorial
Rua Itapicuru, 613 – 7º andar
05006-000 – São Paulo – SP
Fone: (11) 3872-3322
http://www.summus.com.br
e-mail: summus@summus.com.br

Atendimento ao consumidor
Summus Editorial
Fone: (11) 3865-9890

Vendas por atacado
Fone: (11) 3873-8638
e-mail: vendas@summus.com.br

Impresso no Brasil

A memória é o escriba da alma.
— Aristóteles

SUMÁRIO

Prefácio à edição brasileira 9
Prefácio 13
Introdução: a topografia do terreno 21

1. Memória: dádiva e maldição 25
2. O tecido da memória 39
3. Memória procedural 51
4. Emoções, memórias procedurais e a estrutura do trauma 63
5. Uma jornada heroica 79
6. Dois estudos de caso: uma visita familiar 101
7. A armadilha da veracidade e a cilada da falsa memória 143
8. Moléculas da memória 155
9. Trauma geracional: espectros 177

Epílogo 185
Notas finais 187

PREFÁCIO À EDIÇÃO BRASILEIRA

A cultura é uma obra de arte feita com tecidos da memória coletiva, que narram a história dos nossos antepassados na relação com o ambiente físico e social. Como bem podemos imaginar, está intrinsicamente relacionada às experiências coletivas de trauma: situações que acometeram a vida de um povo; o que, em termos objetivos e subjetivos, esse povo (como um grande organismo vivente) foi capaz de fazer diante dos desafios; e como estruturou as narrativas de suas histórias, transmitindo-as e perpetuando-as para as gerações seguintes, como faróis que orientam caminhos, especialmente nas noites escuras.

Pessoas que mudaram o curso da história foram aquelas que transformaram essa cultura legada de forma invisível, apontando para perspectivas de *novos futuros, diferentes do passado*. Foram pessoas capazes de mudar o conceito de outras acerca de quem elas eram, ou do que elas, como indivíduos e como comunidade, eram capazes de fazer. Peter Levine é uma dessas pessoas revolucionárias, que segue ousando apontar novas narrativas e acender novos faróis, oferecendo mais uma obra de arte à ciência da psicoterapia. Neste seu mais novo livro, conjuga casos clínicos, neurociência, experiência pessoal e uma trama de conceitos originais que inspiram direções e instilam esperança.

Ao longo do livro, Peter reforça o entendimento da memória como um construto multifacetado, de natureza subjetiva em *todas* as suas manifestações. Ele mostra que as memórias não revelam experiências factuais, mas formas singulares de relacionamento com tais experiências; assim, não transmitem dados objetivos e inequívocos, seja em relação aos conteúdos das memórias explícitas — afinal, incluímos, retiramos e distorcemos informações —, seja em relação aos conteúdos das memórias implícitas — mantemos esses registros somaticamente atrelados à maneira como nosso sistema nervoso foi capaz de traduzir e responder ao evento, ou seja, ao viés de interpretação do ocorrido, bem como à capacidade que tivemos de responder e nos adaptar a ele.

Essa maneira mutante e curiosa de estabelecer narrativas se torna ainda mais plástica com o fato de que, com o passar do tempo, a memória continua se modificando pela tapeçaria que o cérebro tece entre nossas bases de dados biográficos prévias, com uma fonte sempre renovável de informação — o fluir das experiências. Ou seja, o verbo que nos define como espécie deveria ser conjugado no gerúndio, para melhor representar nossa real natureza: *sendo* humanos.

Essas ideias trazem consequências enormes para a clínica psicoterápica: não podemos mudar eventos do passado, mas temos a chance de transformar as narrativas sobre ele, através da habilidade de modificar a forma como é fisiologicamente carregado e rememorado, ou *remembrado*. Integrando porções de memórias escondidas nos porões das experiências implícitas, convidando novos padrões atencionais às distintas pistas ambientais do presente e do passado, e criando bases neurobiológicas mais seguras para fazer o enfrentamento das porções mais aversivas dos traumas, criamos possibilidades para que nossos clientes façam do seu passado uma fonte lúcida de referência, e não uma estreita residência; que sejam orientados pelo que lhes aconteceu, e não condenados por suas histórias.

O autor estrutura uma proposta de renegociação desses fragmentos de memórias traumáticas, ampliando a prática clínica para além do horizonte sedutor (e às vezes aprisionante) da palavra, oferecendo sofisticados mapas e recursos de navegação pela correnteza do sistema nervoso e favorecendo o acesso aos tais porões de registros implícitos, pouco acessíveis à narrativa, com estratégias terapêuticas gentis e profundas.

Esse modelo de processamento dos conteúdos traumáticos (renegociação) é organizado em seis passos sequenciais e pretende construir uma relação mais confiante com a natureza do corpo e dos seus paradoxos: ser o lugar em que experienciamos sensações e emoções desafiadoras e, ao mesmo tempo, o lugar que pode se tornar continente para elas; construir e ancorar o sujeito nos recursos do seu tempo presente; expandir a janela de tolerância, de modo a permitir maior estabilidade diante das sobrecargas; e destilar do veneno mortal o antídoto regenerador, o que nos remete ao antigo princípio do médico Paracelso (a diferença entre veneno e remédio pode estar somente na dose).

Estimular que a psicoterapia transcorra de maneira ao mesmo tempo curiosa (pelo recordar declarativo) e receptiva (pelo remembrar somático) permite que a aventura terapêutica acesse e integre com paciência o quebra-cabeça das experiências fragmentadas e ofereça compassivamente o "beijo de amor verdadeiro", a mais potente das medicinas. Todos nós ansiamos ser escutados e amparados na realidade da nossa experiência, sem julgamento e até mesmo, muitas vezes, sem o impulso de querer consertar o que quer que seja. Integrar, mais do que recuperar, é a alquimia cujo potencial permite converter o maldito em "*bem*-dito".

Finalizando a aventura desfiada por entre as páginas deste livro, Peter provoca novas direções, extrapolando o trabalho com as memórias biográficas e ontogenéticas para a tapeçaria das memórias intergeracionais, onde povos e culturas enredam e compartilham fios de histórias. Isso nos relembra que uma pessoa só é uma pessoa através de outras pessoas; não falaríamos como falamos, não pensaríamos como pensamos se não fosse *através de* outros seres humanos, suas histórias e suas memórias. Pertencemos a essa grande rede, e só nela podemos nos tornar humanos, *juntos*. Nessa obra viva, não queremos colar nossas fissuras fazendo de conta que nunca existiram, mas buscar meios para fazer arte das nossas frestas e beleza dos nossos abismos.

Boa viagem!

LIANA NETTO[*]

---

[*] Psicóloga clínica, doutora em Medicina e Saúde pela Universidade Federal da Bahia, docente de cursos autorais e dos módulos de formação em Somatic Experiencing® no Brasil e no exterior.

PREFÁCIO

O estudo das memórias traumáticas tem uma longa e respeitável linhagem na psicologia e na psiquiatria. Remonta pelo menos à Paris dos anos 1870, quando Jean-Martin Charcot, o pai da neurologia, ficou fascinado com a questão do que causava paralisias, movimentos bruscos, desmaios, colapso repentino, riso frenético e choro dramático nos pacientes histéricos internados nas alas do Hospital da Salpêtrière. Charcot e seus alunos começaram a entender, aos poucos, que esses movimentos e posturas estranhos eram os *imprints* físicos do trauma.

Em 1889, Pierre Janet, aluno de Charcot, escreveu o primeiro livro sobre o que hoje chamamos de transtorno de estresse pós-traumático (TEPT), *L'automatisme psychologique** [O automatismo psicológico], em que argumenta que o trauma se mantém na memória procedural — em ações e reações automáticas, sensações e atitudes — e se repete e se reatua na forma de sensações viscerais (ansiedade e pânico), movimentos corporais ou imagens visuais (pesadelos e *flashbacks*). Janet trouxe a questão da memória para o primeiro plano ao lidar com o trauma: um acontecimento só se torna um trauma quando emoções avassaladoras interferem no processamento apropriado de uma lembrança. Mais tarde, os pacientes traumatizados reagem às lembranças do trauma com respostas imediatas compatíveis com a ameaça original, embora essas reações sejam agora desproporcionadas — como

---

* Pierre Janet, *L'automatisme psychologique — Essai de psychologie expérimentale sur les formes inférieures de l'activité humaine*. Paris: Société Pierre Janet/Payot, 1973.

agachar-se de medo sob uma mesa quando um copo d'água cai no chão, ou ter um ataque de raiva quando uma criança começa a chorar.

Há bem mais de um século, sabemos que os *imprints* dos traumas são armazenados não na forma de histórias sobre coisas ruins que ocorreram em algum momento, mas na de sensações físicas experimentadas como ameaças imediatas à vida — *neste exato momento*. Nesse meio-tempo, fomos entendendo, pouco a pouco, que a diferença entre memórias comuns (histórias que se alteram e se dissipam com o tempo) e memórias traumáticas (sensações e atitudes recorrentes acompanhadas de intensas emoções negativas de medo, vergonha, raiva e síncope) resulta de um colapso dos sistemas cerebrais responsáveis pela criação de "memórias autobiográficas"*.

Janet também notou que as pessoas traumatizadas ficam presas no passado: tornam-se obcecadas pelo terror que conscientemente querem deixar para trás, mas continuam a se comportar e a sentir como se ele ainda existisse. Incapazes de deixar o trauma no passado, a energia delas é consumida ao controlar as emoções à custa das demandas do presente. Janet e seus colegas aprenderam, por amarga experiência, que as mulheres traumatizadas sob os seus cuidados não podiam se curar por meio da razão ou de *insight*, mudança de comportamento ou punição, mas que reagiam à sugestão hipnótica: o trauma se resolvia quando reviviam os acontecimentos no estado de transe hipnótico. Ao repetir os antigos acontecimentos em segurança e construir uma conclusão satisfatória na imaginação — algo que as pessoas traumatizadas eram incapazes de fazer durante o acontecimento inicial, pois estavam muito transtornadas e aterrorizadas pela falta de ajuda — elas começavam a entender que de fato sobreviveram ao trauma e podiam retomar a vida.

Quando conheci Peter Levine, há cerca de 25 anos, pensei estar diante da reencarnação de um desses mágicos antigos cujo traba-

---

* Bessel A. van der Kolk, *The body keeps the score — Brain, mind, and body in the healing of trauma*. Nova York: Viking, 2014. [Ed. bras.: *O corpo guarda as marcas — Cérebro, mente e corpo na cura do trauma*. Tradução de Donaldson M. Garschagen. Rio de Janeiro: Sextante, 2020.]

lho eu conhecera tão bem pela leitura de manuscritos mofados que encontrei nas pilhas das velhas bibliotecas de hospitais. Só que em vez de usar uma gravata-borboleta e um fraque, comuns em fotografias antigas, Peter trajava bermuda e uma camiseta de Bob Marley, e estava em pé no gramado do Instituto Esalen em Big Sur, na Califórnia. Peter demonstrou que compreendera muito bem que o trauma fica gravado no corpo e, para curá-lo, é preciso criar um estado de transe protegido para observar o terrível passado em segurança. E acrescentou o elemento fundamental de explorar marcas *físicas* sutis do trauma e se concentrar na reconexão do corpo com a mente.

Fiquei intrigado de imediato. Começando com os primeiros estudiosos do estresse traumático e prosseguindo com as pesquisas mais recentes da neurociência, cientistas notaram uma relação fundamental entre ação corporal e memória. Uma experiência torna-se traumática quando o organismo humano se sobrecarrega e reage com impotência e paralisia: por não existir nada que altere as consequências dos acontecimentos, todo o organismo vem abaixo. Até Sigmund Freud ficava fascinado com a relação entre trauma e ação física. Ele afirmou que as pessoas repetem os traumas devido à incapacidade de recordar, na íntegra, o ocorrido. Como reprime a memória, o paciente se obriga a "repetir o material reprimido na experiência desse momento, em vez de [...] lembrar-se dele como coisa do passado"*. Se a pessoa não se recorda, é provável que o reatue: "Ela o reproduz não como lembrança, mas como ato; repete-o, sem saber, é claro, que o está repetindo [...] e concluímos que é a sua maneira de lembrar"**. Mas o que Freud não percebeu foi que as pessoas só podem retomar

---

* Sigmund Freud, *Beyond the pleasure principle (The standard edition)*. Nova York: W. W. Norton & Company, 1990. p. 19. [Ed. bras.: *Além do princípio do prazer*. Porto Alegre: L&PM, 2016.]
** Sigmund Freud, "Remembering, repeating, and working through". In: *Standard edition of the complete psychological works*, v. XII. Nova York: W. W. Norton & Company, 1990. p. 150. [Ed. bras.: "Recordar, repetir e elaborar (Novas recomendações sobre a técnica da Psicánálise II)". In: *Edição standard brasileira das obras psicológicas completas de Sigmund Freud*. Rio de Janeiro: Imago, 1980. v. 12, p. 191-203.]

o domínio de si mesmas se alguém as ajudar a se sentirem seguras e calmas internamente.

Peter compreendeu que, para resolver o trauma, é preciso lidar com a paralisia física, a agitação e o desamparo, e encontrar no próprio corpo um modo de agir para retomar o domínio da vida. Até mesmo o relato do que aconteceu é uma forma de ação efetiva, pois se elabora uma narrativa que permite à pessoa traumatizada — e também aos que estão ao seu redor — saber o que ocorreu. Infelizmente, inúmeras pessoas traumatizadas ficam presas aos traumas sem nunca ter a oportunidade de criar essa narrativa essencial.

Na medida em que fui conhecendo melhor Peter, percebi que ele compreendia bem o papel fundamental das sensações físicas e da ação corporal. Ele demonstrou que ações pós-traumáticas não consistem apenas em atitudes grosseiras, como explodir diante de um ofensor ou se paralisar de medo, mas também em segurar a respiração de modo imperceptível, tensionar os músculos ou apertar os esfíncteres. Ele demonstrou para mim que todo o organismo — corpo, mente e espírito — fica preso e continua a se comportar como se houvesse um perigo claro e premente. De início Peter formou-se neurofisiologista e depois se dedicou ao trabalho corporal com Ida Rolf, no Esalen. Quando o vi exercendo seu ofício, lembrei-me de Moshé Feldenkrais, que alegava não haver experiências puramente psíquicas (mentais): "A ideia de duas vidas, somática e psíquica, [...] sobreviveu à sua utilidade"*. A experiência subjetiva sempre tem um componente corporal, assim como as chamadas experiências corporais têm um componente mental.

O cérebro é programado por experiências mentais que se expressam no corpo. As emoções transparecem nas expressões faciais e na postura corporal: vivencia-se a raiva com punhos fechados e dentes cerrados; o medo se enraíza nos músculos tensos e na respiração superficial. Os pensamentos e as emoções são acompanhados de mudanças na tensão muscular e, para modificar os padrões habituais,

---

* Moshé Feldenkrais, *Body and mature behavior*. Berkeley: North Atlantic Books, 2005. p. 191.

é preciso modificar os laços somáticos que conectam sensações, pensamentos, lembranças e atos. Portanto, a principal tarefa dos terapeutas é observar e lidar com essas mudanças somáticas.

Quando eu estudava na Universidade de Chicago, Eugene Gendlin tentou me ensinar o "*felt sense*" — a consciência do eu, o espaço entre pensamento e ação —, mas só passei a valorizá-lo por inteiro quando presenciei Peter utilizando a consciência física como chave da aprendizagem. O uso do toque que ele faz me ajudou muito. O toque fora absolutamente proibido na minha formação e negado, sem piedade, na minha criação, mas o modo como Peter o usava me ajudou a conscientizar mais das minhas experiências internas e me fez compreender o enorme poder do toque para ajudar as pessoas a oferecer bem-estar e segurança fisiológica umas às outras.

Estar consciente das sensações internas, dos sentimentos primordiais, permite acessar a experiência direta do próprio corpo vivo numa escala que vai do prazer à dor, sentimentos que se originam nos níveis mais profundos do tronco cerebral, não no córtex. É muito importante entender isso porque as pessoas traumatizadas se aterrorizam com o que ocorre dentro de si. Pedir a elas que se concentrem na respiração pode precipitar uma reação de pânico; muitas vezes, solicitar que se aquietem só aumenta a agitação.

Nas varreduras do encéfalo, pode-se observar o corolário neural dessa retração do eu físico: as áreas cerebrais que comandam a autoconsciência (o córtex pré-frontal medial) e a consciência corporal (a ínsula) costumam ser encolhidas em pessoas com transtorno de estresse pós-traumático (TEPT) crônico — o corpo/mente/cérebro aprendeu a se fechar. Esse fechamento tem um custo enorme: as mesmas áreas que comunicam dor e aflição são também responsáveis pela transmissão das sensações de alegria, prazer, intenção e vínculo relacional.

Peter me mostrou — e mostra a todos neste livro — que o julgamento negativo de si mesmo e de outros tensiona a mente e o corpo, impossibilitando o aprendizado. Para se recuperar, é preciso se sentir livre para explorar e aprender novas maneiras de se movimentar. Só então o sistema nervoso se reorganiza e formam-se novos padrões.

Isso só pode ser feito ao se investigar novas maneiras de movimentar-se, respirar e comprometer-se, mas não com a prescrição de ações específicas que procuram "consertar".

Nos capítulos a seguir, Peter Levine explica como as memórias traumáticas são implícitas, e elas são transportadas no corpo e no cérebro como uma colcha de retalhos de sensações, emoções e comportamentos. Os *imprints* traumáticos impõem-se a nós de modo furtivo, não tanto em histórias ou lembranças conscientes, mas mais em emoções, sensações e "procedimentos" — coisas que o corpo faz de modo automático, na forma de automatismos psicológicos. Se o trauma se desenrola em automatismos procedurais, não se obtém a cura por meio de conselhos, remédios, entendimento ou conserto, mas acessando a força vital inata (expressão minha), que Peter chama de "nosso impulso inato para a perseverança e a vitória".

Isso consiste em quê? Em conhecer a si mesmo, sentir os impulsos físicos, notar como o corpo se enrijece e se contrai e como as emoções, as memórias e os impulsos surgem na medida em que aumenta a consciência pessoal da interioridade deles. Os *imprints* sensoriais do trauma podem ter efeitos intensos sobre as reações, os comportamentos e os estados emocionais subsequentes. Depois de termos nos acostumado a estar em guarda constante para impedir que esses demônios do passado entrem na nossa consciência, devemos aprender a apenas notá-los, sem julgamento, e a observá-los pelo que são: sinais para ativar programas inatos de ação motora. O acompanhamento de seu curso natural ajuda a reorganizar as relações conosco. No entanto, a autovigilância consciente se sobrecarrega com facilidade, precipitando pânico, atitudes explosivas, estagnação ou colapso.

Um dos conceitos fundamentais para enfrentar essa sensibilidade ao desmoronamento é a ideia de "pendulação" de Peter: contatar as sensações internas e aprender a tolerá-las, por meio do reconhecimento de que você irá sobreviver ao senti-las, e então retornará deliberadamente à segurança da rotina pessoal. Esse trabalho não é ab-reação* ou, como

---

* Veja a nota da p. 34. [N. E.]

gosto de dizer, "vomitar seu trauma". Ao aprender a acessar o *felt sense* com cuidado, pode-se conhecer os sinais de perigo que estão à espreita nas profundezas interiores e dominá-los. Para que seja seguro sentir as sensações associadas ao terror e ao aniquilamento, é preciso antes estar em contato com o que são a força interna e a agressão saudável.

Uma das passagens mais originais e brilhantes deste livro é a explicação de Peter sobre a necessidade de reunir tanto a motivação cerebral quanto os sistemas de ação para enfrentar uma adversidade extrema. O sistema de motivação é acionado pelo sistema cerebral dopaminérgico, e o sistema de ação, pelo sistema noradrenérgico. Para enfrentar grandes desafios com um senso de propósito, ambos precisam ser estimulados no processo terapêutico. Trata-se de condições necessárias para confrontar os demônios do passado, da rendição impotente ao autodomínio competente.

A boa terapia consiste em aprender a convocar o *felt sense* sem se sobrecarregar com o que espreita no interior. As frases mais importantes em qualquer terapia são "note que" e "note o que acontece a seguir". Quando a pessoa se permite observar os próprios processos internos, ela ativa percursos cerebrais que conectam os lados racional e emocional do cérebro, e *esse é o único percurso conhecido pelo qual alguém pode reorganizar de modo consciente o sistema perceptivo do cérebro*. Para que um indivíduo esteja em contato consigo, é necessário a ativação da ínsula anterior, área fundamental do cérebro responsável pela sensação que cada um tem do próprio corpo e de si mesmo. Levine aponta que a maioria das correntes espirituais desenvolveram técnicas de respiração, movimento e meditação para promover a tolerância e a integração dos estados sensoriais e emocionais profundos.

A atenção consciente, meticulosa e lenta da Somatic Experiencing® [Experiência Somática, em tradução livre] às sensações internas e aos movimentos sutis é bem diferente da maioria das terapias expressivas, que em geral se concentram na ação voltada para fora e não no *felt sense* do eu. A atenção às experiências internas revela movimentos procedurais que costumam ser involuntários e reflexivos, e provavelmente abrangem sistemas cerebrais diferentes, como o cerebelo e o sistema extrapiramidal, em vez de ações intencionais e voluntárias.

Esta obra também se encontra em nítido contraste com abordagens terapêuticas que encorajam os sobreviventes a reviverem seus traumas detalhada e repetidamente, incorrendo no risco de criar condições em que as pessoas traumatizadas se mantêm num estado de medo intenso e agitação fisiológica que pode reforçar a agonia do passado. Se isso acontecer, a memória traumática talvez se reconsolide em associação com esses novos estados de terror, apenas aumentando a sensação de sobrecarga no mundo interno do paciente.

Este livro está repleto de casos e relatos detalhados de como pôr em prática os princípios da Somatic Experiencing® não só com vítimas de traumas como acidentes de carro, mas também com recém-nascidos, crianças de pouca idade, crianças em idade escolar e combatentes. A Somatic Experiencing® propõe não o "desaprendizado" das reações condicionadas ao trauma voltando a discuti-las, mas a criação de experiências que contradigam sensações avassaladoras de impotência e as substituam por um senso de domínio das reações e sensações físicas.

Esta obra sepulta a vergonha, a tristeza, a raiva e a sensação de perda estagnadas ao ajudar a completar e solucionar o ataque explosivo do trauma ao corpo. O trabalho de Peter ajuda a transcender o que ele chama de "compulsão destrutiva por explicação" e a criar uma sensação interna de domínio e controle de sensações e reações antes descontroladas. Para isso, precisamos criar uma experiência de ação corporificada, em contraponto à capitulação impotente ou à fúria incontrolável. *Só depois de sermos capazes de retroceder, fazer uma sondagem de nós mesmos, reduzir a intensidade das sensações e emoções e ativar as nossas reações físicas defensivas inatas, aprenderemos a modificar as reações automáticas de sobrevivência enraizadas e mal adaptativas e, ao fazê-lo, permitiremos que os fantasmas das nossas memórias descansem.*

BESSEL A. VAN DER KOLK, MÉDICO
Cabot, Vermont (EUA), 26 de julho de 2015

INTRODUÇÃO:
A TOPOGRAFIA DO TERRENO

*Não há presente ou futuro, apenas o passado
acontecendo de novo e de novo, agora.*
— Eugene O'Neill

A TIRANIA DO PASSADO

Ao longo do tempo, as pessoas têm sido atormentadas por lembranças que as enchem de medo e horror, por sentimentos de impotência, raiva, ódio e vingança e por uma assoladora sensação de perda irreparável. Tanto na literatura antiga como nas tragédias épicas de gregos, sumérios e egípcios e em centenas de livros atuais sobre trauma, noticiários noturnos e confissões de celebridades, o trauma esteve e continua estando no epicentro da experiência humana.

Apesar da aparentemente ilimitada predileção humana por infligir sofrimento e trauma nos outros, somos também capazes de sobreviver, adaptar-nos e, no final, transformar as experiências traumáticas. Terapeutas experientes utilizam essa capacidade inata de resiliência e cura para auxiliar o trabalho que realizam com quem sofre as consequências de acontecimentos ameaçadores e avassaladores. Dentre esses incidentes, mas sem se limitar a eles, estão guerras, assaltos, assédios, abusos, acidentes, procedimentos médicos invasivos, desastres naturais e ferimentos graves ou a morte súbita de uma pessoa querida. Todos esses "choques" no organismo podem alterar o equilíbrio biológico, psicológico e social a tal ponto que a lembrança de um acontecimento específico passa a macular e dominar todas as outras experiências, prejudicando a valorização do momento presente. A resultante *tirania* do passado interfere na capacidade de concentração real em situações novas e conhecidas. Quando as pessoas prestam atenção de modo seletivo em recordações instigantes, o sono torna-se inimigo e a vida, enfadonha.

É provável que em nenhum outro lugar no campo do trauma haja mais confusão do que em relação ao papel da memória traumática tanto na patologia quanto na cura. Aliás, pesquisas conduzidas por diferentes laboratórios parecem se contradizer com frequência. Além disso, é rara a troca de ideias entre clínicos e acadêmicos, uma situação lastimável. Ainda mais importante, a memória traumática difere de maneira fundamental de outros tipos de memória, criando condições para uma grande confusão e má aplicação de técnicas terapêuticas.

Embora este livro se volte para terapeutas que trabalham com memórias traumáticas dos clientes, ele também atende àqueles que tentam dar sentido a suas lembranças persistentes e querem saber como se reconciliar com elas. Também é para leitores ávidos, interessados no estudo científico e clínico sobre a participação da memória na vida, nas grandes ambiguidades e incertezas desconcertantes e o que é preciso para dar sentido a tudo isso.

Começamos essa exploração com o entendimento de que a memória existe de várias formas, as quais diferem, na base, na estrutura e na função. Ao mesmo tempo, esses distintos sistemas de memórias (abrangendo partes diferentes do cérebro) devem cooperar para promover um bom funcionamento e bem-estar. Este livro trata de como nos reconciliarmos com os nossos fantasmas e nos libertarmos de sua tirania.

A maioria das psicoterapias contemporâneas vive na longa sombra projetada por Freud e seus descendentes ou se guia por abordagens cognitivo-comportamentais diversas. No entanto, essas vias, no que se refere a aliviar o sofrimento humano, têm um valor limitado no trabalho com o trauma e com os *imprints* subjacentes de memórias. Ainda que essas linhas terapêuticas abordem certas disfunções relacionadas com o trauma, elas são incapazes de atingir seu núcleo primordial. Não abordam suficientemente os mecanismos corporais e cerebrais essenciais impactados pelo trauma. Pior ainda: em grande parte, deixam de atender a necessidade humana mais básica e a motivação para a cura.

O trauma provoca um choque no cérebro, atordoa a mente e paralisa o corpo. Oprime as vítimas infelizes, deixando-as à deriva num mar tormentoso, no desamparo e no desespero. Para um terapeuta, presenciar tal desespero num cliente é sentir um chamado irresistível para aliviar esse sofrimento com eficácia. Cada vez mais terapeutas sentem-se atraídos para trabalhar com memórias traumáticas na medida em que várias técnicas (e suas ramificações) tornam-se conhecidas e são ensinadas e praticadas. Essas várias abordagens entraram em cena nesta ordem cronológica aproximada: mesmerismo, hipnose, análise, exposição, Somatic Experiencing® (SE™), Dessensibilização e Reprocessamento pelo Movimento dos Olhos (EMDR) e várias "psicologias energéticas" (por exemplo, pontos de acupuntura).

Vários terapeutas psicodinâmicos entendem que devem trabalhar com a influência do passado dos pacientes no presente. Dessa maneira, tentam ajudá-los a assegurar um futuro melhor, mais saudável, mais focado, útil e vibrante. Contudo, sem entender na prática como o trauma se inscreve na forma de impressões de lembranças no corpo, no cérebro e na mente, bem como na psique e na alma, o terapeuta certamente se perderá no labirinto de causa e efeito. Para uma terapia eficaz, é fundamental avaliar como o trauma se fixa nas reações instintivas do corpo à ameaça detectada; como se fixa em certas emoções, particularmente as de medo, terror e raiva, bem como em estados de humor afetivos habituais, como depressão, bipolaridade e perda de energia vital; e, por fim, como se manifesta em vários comportamentos autodestrutivos e repetitivos.

Sem uma compreensão sólida da estrutura multidimensional da memória traumática na medida em que ela é armazenada no cérebro e mantida no corpo, o terapeuta muitas vezes se debate no pântano da ambiguidade e da incerteza. Na verdade, os equívocos sobre as chamadas memórias recuperadas causam muita dor e sofrimento desnecessários aos pacientes e às famílias, criando ao mesmo tempo confusão e falta de autoconfiança entre os terapeutas que os atendem.

Vários terapeutas — talvez mais do que gostaríamos de admitir — são influenciados por equívocos comuns a respeito da natureza da memória. Em geral, tanto psicólogos acadêmicos quanto clínicos costumam estudar o que se chamou de "memória acessível verbalmente". Essa forma de memória "declarativa" é utilizada e recompensada no ensino fundamental, no ensino médio e também nos cursos superiores e de pós-graduação. Portanto, não é de admirar que esses psicólogos e psicoterapeutas, sendo fruto do mundo acadêmico, tendam a se identificar com esse tipo particular de memória consciente. Porém, a memória *explícita*, consciente, é apenas a notória ponta de um *iceberg* gigantesco muito profundo. Ela mal indica os estratos submersos da experiência primária implícita, que nos move e nos motiva de um modo que a mente consciente só está começando a imaginar. Mas deveríamos imaginá-la e devemos compreendê-la se quisermos trabalhar de modo sábio e eficaz com traumas e seus vestígios de memória tanto na mente quanto no corpo.

1. MEMÓRIA: DÁDIVA E MALDIÇÃO

A ILUSÃO DA MEMÓRIA

> *Memória é uma seleção de imagens: algumas fugazes, outras impressas no cérebro de modo indelével. Cada imagem é como um fio [...] e todos os fios se entrelaçam para compor uma tapeçaria de trama intrincada. E a tapeçaria conta uma história. A história é o nosso passado [...]. Como outros antes de mim, tenho o dom da visão. Mas a verdade muda de cor de acordo com a luz. E amanhã pode ser mais claro do que ontem.*
> — Kasi Lemmons, *Amores divididos*

No início de 2015, Brian Williams, jornalista muito respeitado e artista difundido na mídia, saiu de cena envergonhado e derrotado por "mentir" e exagerar o fato de ter passado por uma ameaça extrema quando cobria a linha de frente de uma guerra. Agora sabemos a verdade: Williams voava atrás de um helicóptero atingido por um míssil. Com o tempo, sua história ganhou outra versão, na qual ele contava que estava a bordo do helicóptero atingido. O público e os comentaristas ficaram chocados com o fato de ele ter arriscado sua reputação com tal heroísmo ilusório e tal autopromoção. Todos nos perguntamos como pudemos ser enganados por esse jornalista sério e confiável.

No entanto, considere outros "passos em falso" semelhantes dados por figuras públicas. Hillary Rodham Clinton afirmou certa vez que esteve na mira de franco-atiradores na Bósnia, mas tempos depois admitiu que "havia misturado os fatos". Para não tomar partido, não esqueçamos que Mitt Romney se lembrava de um jubileu de Detroit ocorrido nove meses antes de seu nascimento! Todas essas pessoas são mentirosas descaradas ou é outra coisa? A resposta verdadeira é que todos somos suscetíveis a esses tipos de distorção da memória, sobretudo em períodos tensos e de perigo extremo. Em um tom mais leve, é possível identificar-se com as "lembranças anteriores ao nascimento" de Romney, assim como muitos incorporam uma foto da família ou uma história muito repetida às reminiscências pessoais "com base em fatos". Na verdade, o significado que damos a um acontecimento específico pode ter um efeito significativo na tal lembrança. Nas palavras do psicanalista Alfred Adler: "Em meio ao número incalculável de impressões que marcam um indivíduo, ele prefere se lembrar daquelas que, mesmo remotamente, têm para ele alguma relação com sua situação atual".

Aristóteles acreditava que os humanos nasciam como uma tábula rasa — um papel em branco — e que éramos o produto de uma vida gravada numa série de lembranças, assim como se faz em uma impressão em cera. No entanto, a memória não é isso; devemos aceitar a contragosto que ela não é concreta, definitiva e reproduzível, como a gravação de um vídeo, que pode ser recuperada a qualquer momento. Ao contrário, é mais efêmera, sempre mutante na forma e no significado. Não é um fenômeno singular, uma construção fixa cimentada para sempre numa fundação de pedras. Está mais para um frágil castelo de cartas posto sobre as areias movediças do tempo, à mercê de interpretação e fabulação. De fato, a memória é uma reconstrução contínua, mais parecida com os elétrons erráticos e imprevisíveis do princípio da incerteza de Heisenberg. Assim como o próprio ato de observar os elétrons altera sua posição, ou o seu "*momentum*", também a urdidura e a trama da memória se entrelaçam para produzir um tecido macio cujo contorno e tonalidade se modificam conforme o movimento da luz e da sombra ao longo do dia e das estações.

A literatura e o cinema têm um antigo fascínio pelas falácias da memória. Sua fragilidade e subjetividade inerentes são retratadas de modo brilhante no filme *Rashomon* (1950), de Akira Kurosawa, em que quatro personagens contam suas lembranças tão contrastantes sobre o mesmo acontecimento. Tal qual no filme, a lembrança é como um sonho fugaz: assim que alguém tenta apreendê-la, ela se esvai, deixando-nos com o consolo de que o olhar sempre mutável do observador pode ser a única característica de fato confiável da memória. Será possível observar as memórias sem alterá-las no processo de relembrá-las? A resposta curta é não.

Filósofos e cineastas, junto com um número crescente de neurocientistas cognitivos contemporâneos, questionam a validade da lembrança em si. Mark Twain confessou certa vez: "Sou velho e passei por inúmeros infortúnios, mas a maioria deles nunca aconteceu". Em outras palavras, sua desolação naquele momento o levava a "relembrar" (isto é, construir) acontecimentos que nunca ocorreram. Sem dúvida, pesquisas recentes demonstram de modo contundente que a memória é um processo reconstrutivo que sempre seleciona, acrescenta, apaga, reorganiza e atualiza informações — tudo para servir ao contínuo processo adaptativo de sobreviver e viver.

Nos próximos capítulos exploraremos as implicações da mutabilidade da memória e procuraremos entender os tipos de memória que concernem especificamente ao trauma. Uma premissa central explorada nesta obra é que talvez nosso estado emocional do momento seja o principal fator para determinarmos qual é o acontecimento específico e como nos lembramos dele. Na verdade, mudar, antes de tudo, o nosso estado emocional presente é a condição *sine qua non* para um trabalho eficiente com memórias traumáticas. O que se compreende muito mal no trabalho clínico com memórias traumáticas é que os humores, as emoções e as sensações somáticas vigentes (geradas por quaisquer razões) influenciam de modo profundo o que "recordamos". Imagens e pensamentos lembrados que surgem na consciência são convocados e selecionados de modo inconsciente para corresponder ao nosso estado emocional nesse momento. Nossos humores e sensações presentes desempenham um papel fundamental no *modo como* recordamos determinado acontecimento — eles estruturam como nos relacionamos com essas "lembranças" em dado momento e também como lidamos com elas e as reconstruímos de uma nova maneira.

    O segredo para investigar a utilidade e a confiabilidade da memória está no estudo de suas raízes biológicas e funções psicológicas, sociais e de desenvolvimento. Se a memória é fugaz e ilusória, qual é o seu valor e quais são as suas limitações inerentes? Quando uma memória é confiável e quando nos trairá, deixando-nos num mar de ambiguidades e incertezas? Além disso, quando ela é uma criação de "ilusionistas", sejam eles terapeutas, familiares, advogados ou políticos? Quando ela é uma distorção da história promovida pelo inconsciente coletivo de sociedades, tribos ou clãs? E quando os atos desses magos e dessas forças são deliberados e quando são involuntários?

    Com relação à transformação do trauma, várias modalidades terapêuticas parecem não compreender ou até mesmo ignorar perguntas essenciais: em que condições uma memória pode ser um vetor de potência ou de destruição? Quando ela pode gerar uma dor autoinfligida e um sofrimento desnecessário? Em última análise e ainda mais importante, como saber a diferença?

UM PASSEIO PELO RIO DA MEMÓRIA

As memórias formam o próprio alicerce da identidade pessoal e ajudam a definir o que significa ser humano. Embora não sejam em absoluto precisas ou permanentes, elas são uma bússola que nos guia em novas situações. Ajudam-nos a montar o *contexto* das experiências que surgem para que possamos planejar os próximos passos com confiança e, ao mesmo tempo, elaborar histórias coerentes sobre a trajetória da própria vida. Em suma, é por meio das memórias que encontramos o nosso caminho no mundo. Os problemas e as dificuldades que surgem quando nos lançamos em novos passatempos, aprendemos novos passos de dança, contatamos desconhecidos e entendemos novos conceitos podem estar correlacionados de modo direto com a nossa falta de modelos previamente estabelecidos em torno dos quais organizamos novas informações e novas experiências.

A memória, quando reduzida à sua função mais vital, tem que ver com um futuro mais seguro, na medida em que faz *escolhas seletivas* no passado e constrói com base naquilo que foi efetivo, sem repetir aquelas respostas que foram deletérias ou prejudiciais — em suma, ela assegura um futuro influenciado pela história do indivíduo, mas não restrito a ela em demasia. Por meio da memória, mantemos uma continuidade ao ligar o presente ao passado. No processo contínuo de comparar semelhanças e diferenças, períodos de ameaça e períodos de segurança e satisfação, assim como importantes realizações e fracassos, selecionamos essas informações e depois as reorganizamos para moldar o presente e as escolhas vindouras. Dessa maneira, aspiramos a criar um futuro mais maleável, gratificante e benéfico do que o passado. As palavras do cantor *country* Vince Gill soam verdadeiras: de fato, "não há futuro no passado"*.

Certas lembranças, como a de um passeio maravilhoso por um bosque num dia revigorante e ensolarado, quando caminhamos chutando folhas pelo chão e compartilhamos pensamentos e sentimentos com um amigo íntimo, voltam a ser acolhidas com prazer nas dobras da consciência. Embora às vezes distantes, essas reminiscências costumam carregar impressões sensoriais esmaecidas, como o cheiro de umidade nas folhas ou seus estalos quando chutadas, as rajadas de ar frio ou as belíssimas cores inigualáveis da folhagem de outono.

São também conhecidas as lembranças desagradáveis, que preferimos afastar e esquecer. Essas recordações negativas costumam ser muito intensas e captam a nossa atenção. Quando, por exemplo, somos rejeitados por um parceiro ou preteridos numa promoção no trabalho, não conseguimos tirar esses acontecimentos da cabeça. Na verdade, tais lembranças podem persistir anos a fio, pungentes e dolorosas, e em ocasiões ter o mesmo impacto de quando ocorreram da primeira vez. Qualquer cheiro, imagem, som e sensação associados a essas lembranças podem ser perturbadores, desagradáveis, exasperantes e até repulsivos. Tais reações nos levam a evitar o

---

* No original, "ain't no future in the past". [N. E.]

contato voluntário e subconsciente com quaisquer lembranças. No entanto, talvez compartilhemos essas reminiscências dolorosas com amigos ou terapeutas na forma de histórias até certo ponto sensatas e coerentes, seja ao contar experiências prazerosas ou perturbadoras. Em geral, somos capazes de refletir sobre essas memórias, aprender algo com elas e seguir em frente. Temos o potencial de nos enriquecer com erros e fracassos e também com as grandes ou pequenas vitórias e conquistas.

Nossas lembranças mais evidentes estão impregnadas de sensações e sentimentos bons ou ruins, alegres ou tristes, de raiva ou contentamento. De fato, o impacto emocional associado à lembrança é, em grande parte, responsável por iniciar e por reforçar o aprendizado. Na verdade, o que chamamos de aprendizado é o processo de importar padrões, afetos, comportamentos, percepções e construções registrados em experiências anteriores ("engramas da memória"[1]) para satisfazer as demandas dos encontros em curso. Em suma, impressões passadas influenciam o planejamento presente e futuro, muitas vezes sob o radar da percepção consciente. Ao contrário de um recorte repetitivo de notícias, as lembranças são mutáveis, moldadas e remodeladas várias vezes ao longo da vida. Elas estão num fluxo contínuo, num eterno processo de formação e reforma.

MEMÓRIA TRAUMÁTICA

Não, não há pior [...]
— Gerard Manley Hopkins

Ao contrário das lembranças "comuns" (boas e ruins), que são mutáveis e se alteram de modo dinâmico com o tempo, as memórias traumáticas são fixas e estáticas. São os *imprints* (engramas) das experiências avassaladoras do passado, das impressões profundas esculpidas no cérebro, no corpo e na psique de quem as viveu. Essas marcas duras e congeladas não cedem às mudanças nem se atualizam de imediato com as informações atuais. A fixidez dos *imprints* nos impede de formar novas estratégias e de extrair novos significados. Não há o renovado e sempre mutante *agora* nem o verdadeiro fluir na vida. Desse modo, *o passado vive no presente*, ou, como escreveu William Faulkner em *Réquiem por uma freira*, "O passado nunca está morto. Não é nem mesmo passado"*. Ao contrário, ele vive como uma panóplia de múltiplos medos, fobias, sintomas físicos e doenças.

Em nítido contraste com lembranças gratificantes ou mesmo incômodas, que em geral podem ser formadas e revisitadas como narrativas coerentes, as "memórias traumáticas" costumam surgir como estilhaços de sensações, emoções, imagens, cheiros, sabores, pensamentos incipientes e indigestos, e assim por diante. Por exemplo, um motorista que sobreviveu a um acidente num carro que pegou fogo é assaltado por taquicardia, pavor absoluto e uma necessidade desesperadora de fugir quando sente o cheiro da gasolina ao abastecer o carro. Esses fragmentos confusos não podem ser relembrados como uma narrativa em si, mas são perpetuamente "reproduzidos" e revividos como intromissões desconexas e incoerentes ou sintomas físicos. Quanto mais tentamos nos livrar desses "lampejos do passado", mais eles assombram, atormentam e asfixiam a nossa energia vital, restringindo de modo dramático a nossa capacidade de viver no aqui e agora.

As memórias traumáticas também se apresentam nos comportamentos inconscientemente "reencenados" — por exemplo, sofrer "acidentes" ou se expor a situações perigosas diversas vezes, de modo involuntário. É o caso de uma prostituta que, abusada quando criança, agora procura ligações com homens violentos ou faz sexo sem proteção. Ou ainda o caso de veteranos de guerra "viciados" em emoções fortes e perigo, que se inscrevem na polícia de choque logo depois de dispensados do serviço militar.

As memórias traumáticas "revividas" irrompem de modo automático como farrapos de uma experiência, impondo-se subitamente à

---

* No original, "The past is never dead. It's not even past". [N. E.]

pessoa vulnerável que as vivenciou. Esses retalhos parecem surgir do nada, intrometendo-se na vida das vítimas, estejam elas acordadas ou dormindo. Estar traumatizado é estar condenado a um pesadelo sem fim, revivendo esses tormentos insuportáveis, assim como virar presa de obsessões e compulsões diversas. Pessoas traumatizadas têm a vida estagnada até conseguir lidar de algum modo com essas intrusões, assimilá-las e enfim compor narrativas coerentes que favoreçam um repouso para essas memórias — ou, em outras palavras, se reconciliar com elas. Essa *completude* restaura a continuidade entre passado e futuro e incita uma motivada perseverança, um otimismo realista e um movimento para frente na vida.

OLHANDO PARA TRÁS

O papel das memórias traumáticas no tratamento de "neuroses" foi a pedra de Roseta da psicanálise do início do século 20. Embora seja improvável que Freud tenha sido o primeiro a lidar com tais lembranças patogênicas e ocultas ("reprimidas"), ele foi o mais conhecido. Na verdade, ele se ergueu sobre os ombros largos de gigantes que o antecederam, em especial Jean-Martin Charcot e Pierre Janet, que trabalharam no Hospital da Salpêtrière, em Paris. De fato, eles foram os primeiros a perceber que a lembrança traumática pode ser isolada da consciência pelos mecanismos que chamaram de repressão e dissociação. Concluíram também que a terapia consistia em trazer essas partes cindidas para a percepção consciente. Sua contribuição pioneira deve ter inspirado Freud, influenciando sua teoria do trauma precoce.

Contudo, assim como Freud deixou de reconhecer que a origem do trauma estivesse em acontecimentos avassaladores (externos) e se voltou para as maquinações internas dos conflitos "edipianos" e de outros "conflitos instintivos", a grande contribuição de Janet foi eclipsada. Com a dominância carismática de Freud e a confusa realidade do abuso e do assédio familiares, o trauma por acontecimentos externos avassaladores desapareceu por completo do radar da psicologia — até que soldados da Primeira Guerra Mundial acometidos de "neurose da guerra" retornaram para casa. A sociedade e a psicologia preferiram seguir o novo foco de Freud nos conflitos internos (como o "complexo de Édipo"), enquanto se afastavam da obscura e perturbadora dinâmica familiar de abuso sexual infantil, perpetrada até mesmo nas casas moralistas de respeitados médicos, advogados e banqueiros da época vitoriana. Por sorte, a profunda compreensão de Janet a respeito do trauma, sua etiologia e suas implicações em tratamentos foram revisitadas décadas depois por Bessel van der Kolk e Onno van der Hart num trabalho seminal que celebrou o centenário do livro essencial de Janet, *L'automatisme psychologique* [O automatismo psicológico], publicado pela primeira vez em 1889.[2,3] Essa história fundamental para compreender e tratar o trauma é abordada com elegância e honrada com respeito no recente e abrangente livro de Van der Kolk *The body keeps the score* [O corpo guarda as marcas].

GUERRAS DA MEMÓRIA: A VERDADE SOBRE AS LEMBRANÇAS FALSAS, A FALSIDADE DAS LEMBRANÇAS VERDADEIRAS E O CÁLICE PROFANO DO "APAGAMENTO DA MEMÓRIA"

> *A memória é o acúmulo histórico de mentiras [...].*
> *Assim como a memória, a boa ficção deve ter datas e*
> *horas específicas; dessa forma, parece ser verdadeira.*
> — Daniel Schmid, cineasta suíço

Na virada para o século 21, a memória tornou-se o fugaz Santo Graal da neurociência cognitiva contemporânea ao conquistar o Prêmio Nobel de Fisiologia em 2000.* Em contrapartida, 15 anos antes, o papel crucial da memória no tratamento do trauma estimulou uma cisão violenta, quase uma guerra da memória. De um lado desse

---

* Eric Kandel ganhou o Nobel por seus estudos do aprendizado da gigantesca lesma-do-mar (*Aplysia*).

embate altamente polarizado estavam terapeutas que incitavam com veemência os seus clientes a "recuperar" lembranças esquecidas há muito tempo, "dissociadas" ou "reprimidas", de assédio e abuso na infância. Em geral, esse agonizante garimpo era acompanhado de repetidas e dramáticas ab-reações* e, muitas vezes, de catarses violentas. Essas terapias "expressivas", de extrema comoção, em geral aconteciam em grupo, e os participantes eram encorajados (ou muitas vezes pressionados) a externalizar aos gritos a sua angústia e a sua raiva, enquanto "recuperavam" lembranças terríveis, uma após a outra.

Muitos desses pacientes eram estudantes universitárias com depressão, ansiedade e transtorno de pânico que queriam muito descobrir a causa do problema e encontrar uma cura para o seu sofrimento. A angústia paralisante que sentiam as deixava desesperadas por um desfecho, uma absolvição, no alívio temporário proporcionado por essas intensas ab-reações. A veracidade percebida dessas memórias "recuperadas" ajudava a "explicar" para si mesmas o estado de angústia profunda e a encontrar uma âncora. Essas catarses também estimulavam a liberação de descargas de adrenalina, muito aditivas, e uma inundação de opioides endógenos (endorfinas).[4] Esse coquetel bioquímico, junto com o forte vínculo grupal (também mediado com opioides) gerado pelo compartilhamento de histórias semelhantes, era por demais irresistível.[5] Na verdade, muitas pacientes tinham histórias familiares de abusos e horrores reveladas nessas terapias. Infelizmente, estas eram, com frequência, confusas ou imprecisas. Mesmo que fossem precisas, nem sempre propiciavam uma cura profunda e duradoura. Em muitos casos, esse garimpo provocava grande e desnecessário sofrimento. Vários dos terapeutas que as guiavam acreditavam totalmente na veracidade e no valor terapêutico dessas memórias "recuperadas", mesmo que às vezes isso implicasse acreditar em coisas improváveis, além de negar os efeitos deletérios da chamada recuperação na vida dos pacientes e das respectivas famílias.

---

* "Ab-reação" é a conscientização de um acontecimento traumático reprimido por um indivíduo, que desse modo o "revive".

Do outro lado dessa escaramuça, havia um grupo de pesquisadores acadêmicos da memória que afirmava, também com veemência, que essas memórias "recuperadas" costumavam ser falsas — eram fabulações. Baseavam essa conclusão sobretudo em experimentos em que implantavam, com sucesso, memórias "traumáticas" de acontecimentos falsos. O mais impressionante nesses experimentos envolveu fazer que estudantes universitários acreditassem nas falsas memórias, deliberadamente implantadas, de que estiveram perdidos num *shopping center* quando crianças. Essas "memórias" muitas vezes traziam imagens claras de terem sido encontrados por um desconhecido e levados aos pais. No entanto, entrevistas anteriores com esses pais confirmaram que, na verdade, tais situações nunca ocorreram. Numa refutação do experimento, Bessel van der Kolk ressalta que os participantes não exibiam a angústia visceral que com certeza surgiria ao recordarem um episódio tão terrível da infância.[6] No entanto, experimentos como esse levaram diversos pesquisadores da memória a concluir que muitas das lembranças recuperadas em terapias, se não a maioria, eram implantadas de modo subconsciente por terapeutas que não tinham a intenção de fazer isso — ou, em alguns casos, que tinham, sim. Mas antes vamos à história de Beth.

Beth
A mãe de Beth — uma garota de 13 anos — foi encontrada morta na piscina da família em circunstâncias suspeitas. A possibilidade de a mãe ter tirado a própria vida também atormentava a adolescente em luto. Dois anos depois desse choque devastador, Beth perdeu a sua casa; um fogo rápido a destruiu, poupando outras no mesmo quarteirão.

Imagine o desconcerto da órfã em frente à casa incendiada, segurando um urso de pelúcia esfarrapado junto ao peito. Segundo um relato, a sua maior preocupação era o desaparecimento do seu diário. O seu grande medo não era que ele se queimasse, mas que caísse nas mãos de outras pessoas.[7] Só nos resta imaginar que lembranças e segredos pessoais essa adolescente fragilizada compartilhou em seu diário.

O que Beth fez de toda essa perda? Como ela lidou com a presença desses fantasmas assustadores? Como administrou a ambiguidade da morte da mãe seguida da destruição repentina da casa da família? Assim como o conteúdo de seu diário, jamais conheceremos essas respostas. No entanto, com o tempo, a vida adulta de Beth nos conta uma história de coragem, fortaleza, perseverança e foco: Elizabeth Loftus cresceu e se tornou uma renomada especialista em memória.

Durante anos, a professora Loftus lutou com veemência contra as terapias de recuperação de memória para provar que muitas das lembranças de abuso convocadas em terapia eram falsas. Ela começou a investigar a possibilidade do apagamento de memórias por meio de uma pesquisa sobre a atitude dos alunos a respeito da eliminação de lembranças perturbadoras. Alguns universitários foram questionados se tomariam uma droga que amortecesse as lembranças de agressão ou espancamento. Quase metade afirmou que queria ter o direito de acessar a droga. No entanto, somente 14 por cento disseram que de fato a usariam.[8]

Em uma investigação similar, somente 20 por cento de um grupo de bombeiros que trabalharam no Ground Zero* em 11 de setembro de 2001 afirmaram que tomariam uma pílula para apagar suas terríveis lembranças. Dizer que a professora Loftus se surpreendeu com esses dados certamente seria um eufemismo. Em suas próprias palavras, "se eu sofresse uma agressão, eu tomaria a droga".[9] Na verdade, talvez sem atentar para a conexão, Beth de fato vivenciou uma "agressão" com a perda da mãe e da sua casa de infância.

Por mais que uma criança ferida, como a jovem Beth, queira fugir de suas lembranças, estas vão persegui-la como fantasmas sorrateiros. Quem não gostaria de eliminar essas assombrações do seu banco de memórias? Porém, é preciso indagar qual é o risco e o custo para a nossa singular humanidade. Veremos que existem

---

* O Ground Zero [Marco Zero] em Nova York é uma área de 65 mil m² em Lower Manhattan, onde se erguia o antigo World Trade Center. Atualmente, dá lugar ao Memorial 11 de Setembro, criado em memória das 2.752 vítimas dos ataques de 11 de setembro de 2001. [N. T.]

formas mais construtivas e assertivas de abordar e mobilizar nossas lembranças difíceis.

As memórias dolorosas moldam a nossa vida de maneiras inimagináveis. Como a Hidra de várias cabeças (e a nossa luta inglória e inútil para cortar uma cabeça após a outra), essas lembranças retornam para nos fisgar, nos perseguir e nos moldar, por mais que queiramos eliminá-las, negá-las ou santificá-las. Como é possível trabalhar *com* elas e não *contra* elas, acessando e utilizando sua "energia comprimida" para nos liberar do seu estrangulamento?

Veremos que, no final, ambas as visões sobre as memórias, falsas ou recuperadas, são equivocadas, em especial no tocante ao seu papel na cura do trauma e de outras feridas da psique e da alma. Ambos os campos e suas soluções estão, sem dúvida, em rota de colisão com os próprios traumas não resolvidos, com as questões psicodinâmicas, com as tendências científicas e com a "coleta" de dados para apoiar as respectivas posições engessadas. Parece que cada grupo vê o outro como desonesto ou pior por natureza e que todas as crenças e dados são, portanto, equivocados, mesmo quando pesquisas ou observações clínicas conduzidas com o método demonstram resultados consistentes com outros dados. Ambos os grupos parecem defensivos sem necessidade e indispostos a aprender um com o outro. É lamentável que as diferenças tenham surgido não nos corredores da ciência, de forma objetiva e através de investigação aberta, mas nos tribunais de justiça, no "jornalismo" de tabloides e na opinião pública — muitas vezes por meio das histórias de celebridades.

Ainda mais fundamental para essas "guerras da memória" é a vasta incompreensão da própria natureza da memória.

2. O TECIDO DA MEMÓRIA

As lembranças são feitas disso...

Para compreender a natureza da memória traumática, é preciso se afastar do precipício das "guerras da memória" e começar a destrinchar os vários fios que, quando se entrelaçam, formam o tecido multitexturizado daquilo que chamamos "memória". Em termos gerais, existem dois tipos de memória: as explícitas e as implícitas; as primeiras são conscientes, e as últimas, relativamente inconscientes. Esses dois sistemas de memória, cada qual com pelo menos duas subcategorias extensas, servem a funções distintas, e a interação entre eles se dá por meio de estruturas neuroanatômicas cerebrais distintas. Ao mesmo tempo, ambos servem para nos guiar (ver figura 2.1) enquanto navegamos por inúmeras situações e desafios na vida.

MEMÓRIA EXPLÍCITA: DECLARATIVA E EPISÓDICA

*Bem, eu declaro!**
— Scarlett O'hara em *E o vento levou*

As *memórias declarativas* são o subtipo mais conhecido de memória explícita. São um catálogo de informações detalhadas, as listas

---

* No original, "Well, I do declare". Na versão brasileira do filme, a declaração da personagem foi traduzida como "Eu juro", e assim ficou consagrada. [N. E.]

de compras no mundo da memória. As memórias declarativas nos permitem recordar coisas de modo consciente e contar histórias factuais sobre elas, de maneira razoável, com começo, meio e fim. A maioria dos leigos e vários terapeutas tendem a compreender a memória primariamente dessa forma concreta. Só é possível convocar ou declarar ativa e deliberadamente esse tipo reificado de memória. O papel geral das memórias declarativas é comunicar informações distintas aos outros. Essas memórias "semânticas" são objetivas e destituídas de sentimento e emoções. Sem a memória declarativa, não haveria carros, aviões, computadores, *e-mails*, *smartphones*, bicicletas, *skates* ou mesmo canetas. Na verdade, os livros não existiriam. Sem ela, provavelmente o fogo não teria sido dominado e disseminado pelo mundo, e nós continuaríamos indefesos, amontoados em cavernas sujas e escuras. Em suma, a civilização como a conhecemos não existiria.

As memórias declarativas são relativamente ordenadas, arrumadas e organizadas, assim como o córtex cerebral altamente estruturado que funciona como *hardware* e sistema operacional delas. Embora sejam as mais conscientes e voluntárias dos tipos de memória, elas são, de longe, as menos atraentes e estimulantes. Para as abordagens psicodinâmicas mais profundas, as memórias declarativas são quase irrelevantes do ponto de vista terapêutico. Por outro lado, elas são o componente básico de várias intervenções cognitivas e comportamentais.

Se a característica da memória declarativa é a informação factual "fria", a *memória episódica*, uma segunda forma de memória explícita, é "morna" e texturizada. Memórias episódicas muitas vezes contêm nuances de sentimento e vitalidade, sejam de valência positiva, sejam de negativa, e codificam com riqueza nossas experiências pessoais. Elas são uma interface dinâmica entre os reinos "racional" (explícito/declarativo) e "irracional" (implícito/emocional). Essa função intermediária promove a formação de narrativas coerentes, de histórias tocantes que contamos a nós e aos outros e que nos ajudam a dar sentido à vida. A ligação e o processamento da emoção *em estado bruto*, do sentimento matizado, dos fatos ocorridos e da comunicação com certas pessoas são essenciais para sair do trauma — e de um futuro pouco diferente do passado — para um futuro aberto, construído sobre novas experiências, informações e possibilidades.

Figura 2.1 — Sistemas básicos de memória

A RECORDAÇÃO DE COISAS PASSADAS

Em lugar de ser convocada de maneira deliberada, a memória episódica (às vezes chamada de autobiográfica) surge de forma um tanto espontânea, como episódios representativos da nossa vida. Em geral, essas memórias transmitem um sentimento vago, muitas vezes de caráter onírico. Na hierarquia da consciência, as reminiscências autobiográficas são menos conscientes do que a "lista de compras" das memórias declarativas, mas, como veremos, mais conscientes do que as implícitas. Normalmente, as memórias episódicas têm mais nuances sentidas e uma capacidade transversal para a ambiguidade do que as memórias declarativas (factuais). Quando nos concentramos nelas, navegamos pelas memórias episódicas de modo nebuloso, entrando e saindo de recordações. Embora às vezes essas memórias sejam indistintas e vagas, em outras ocasiões elas têm uma qualidade essencial, vívida e realista. Memórias episódicas são mais espontâneas, interessantes e estimulantes do que as "listas de compras" declarativas. Costumam ter uma influência importante, ainda que muitas vezes oculta, na nossa vida.

Um exemplo pessoal de uma memória episódica é a lembrança de voltar para casa depois do meu primeiro dia de aula do quinto ano, na

Escola Pública 94, no Bronx. Eu me recordo de dizer aos meus amigos como minha professora era terrível. Um toque gentil no meu ombro direito interrompeu as minhas queixas exageradas e prematuras. Meu estômago se contraiu quando eu me virei e vi a sra. Kurtz com seu cabelo grisalho. "Você acha que sou assim *tão* má?", ela perguntou, olhando para mim de modo interrogativo. Essa história teve um final feliz: a sra. Kurtz se tornou a minha melhor professora do ensino fundamental, e mais uma vez eu acolho essa memória episódica com carinho e remorso. Embora seja difícil, para mim, recordar outras coisas do quinto ano, essa lembrança de algum modo engloba e representa todo aquele período de virada para mim. Com certeza, ela não revira mais meu estômago como no momento em que senti a mão da professora no meu ombro.

Como mencionei, ao olhar de novo para aquele ano, além dessa lembrança da sra. Kurtz, eu quase não tenho recordações voluntárias. Na verdade, tenho apenas lembranças dispersas dos seis primeiros anos escolares, e a maioria delas, muito desagradáveis. Os outros professores foram pouco inspiradores, e alguns até mesmo cruéis e sádicos. Em vez de corporificar a raiz latina de educação (*educare*: trazer à tona, trazer para fora), minha experiência de educação ("modelo") no ensino fundamental foi a de ter as matérias enfiadas goela abaixo. Eu odiava a escola e a escola me odiava!

A memória episódica da sra. Kurtz evoluiu para uma parte substancial da minha narrativa pessoal, autobiográfica. Tornou-se o modo como eu entendo e relato às pessoas esse período da minha vida. Embora, de início, essa memória estivesse oculta para mim, ela passou a funcionar como uma espécie de pivô, um ponto de inflexão distante de uma experiência opressiva e sombria de "aprendizado". Ela catalisou a criação de uma nova memória composta, em que aprender é também positivo e até divertido. Isso possibilitou um novo sistema de crenças que se estendeu pela minha educação futura, inclusive na vocação e nas atividades atuais.

Após o quinto ano e durante todo o ensino médio (num lugar perigoso, violento e agressivo, com gangues do Bronx empunhando facas), encontrei quatro mentores positivos nas ciências e na matemática. Na graduação, tive vários professores mais inspiradores, que apoiaram o meu interesse em pesquisa. Isso continuou durante toda a faculdade, quando atraí mentores importantes dentro e fora da Universidade da Califórnia, em Berkeley, onde me formei. Esses guias intelectuais incluem Donald Wilson, Nikolaas Tinbergen, Ernest Gellhorn, Hans Selye e Raymond Dart, que me acolheram sob suas asas. Posteriormente, durante toda a minha formação como terapeuta de corpo/mente, foi enriquecedor contar com mais professores e terapeutas generosos, atenciosos e desafiantes, entre os quais Ida Rolf e Charlotte Selvers. Agora vejo que os papéis se inverteram: sou o mentor de centenas de estudantes. Eles, por sua vez, são guias para os seus alunos, que também estendem sua influência curadora para milhares de outros.

Obrigado, sra. Kurtz. Agradeço-lhe o calor, o humor, a alegria e o entusiasmo pelo mundo do aprendizado e por oferecer uma memória episódica vital que me atraiu para os meus mentores e a eles para mim. Estou convencido de que o seu toque gentil e amigável no meu ombro direito há mais de 60 anos ajudou a mudar o rumo da minha vida; na verdade, acredito que ele a transformou de maneiras que agora contemplo com admiração e gratidão. Da mesma maneira, as memórias episódicas podem desempenhar um papel importante na criação de futuros positivos. A cada lembrança subsequente, a memória se enriquece e se torna cada vez mais significativa. É por essa atualização natural que as lembranças operam e exercem suas funções estimuladoras, muitas vezes pouco abaixo do limiar da percepção consciente.

A memória episódica ajuda a nos orientar no tempo e espaço, selecionando do passado e projetando resultados vantajosos no futuro. Boa parte do que sabemos desse tipo de memória vem, é claro, dos relatos verbais de pessoas, como o meu sobre a sra. Kurtz. No entanto, até mesmo o "modesto" pássaro gaio exibe uma forte evidência de memória episódica. Clayton e Dickinson, em seu trabalho com o gaio-da-califórnia[10], conseguiram demonstrar que esses pássaros têm um sistema de memória episódica que favorece muito a sobrevivência. Essa espécie não só conseguiu recordar com clareza onde estocara os diferentes tipos de alimentos como também foi capaz de recuperá-los de maneira discriminada. Essas distinções relembradas dependiam da perecibilidade do item e do tempo decorrido desde a sua ocultação. Eles foram capazes de relembrar detalhes de situações passadas específicas, "o quê, onde e quando", e de extrair e usar essas informações posteriormente. Tais ações observadas, de acordo com estes e outros pesquisadores, satisfazem os critérios comportamentais claros para a memória episódica. Um estudo similar conduzido com beija-flores demonstrou que eles eram capazes de recordar onde certas flores estavam localizadas e a maneira como esses lugares foram visitados. Com isso, conseguiam maximizar, com eficácia, os alvos de néctar fresco. Outros estudos também demonstraram o mesmo tipo de memória episódica em várias espécies diferentes, incluindo ratos, abelhas melíferas, golfinhos, elefantes e, é claro, vários primatas.[11] Como muitos dos comportamentos que consideramos puramente humanos, a memória episódica também tem raízes evolutivas generalizadas. Esse tipo de recordação não está disponível apenas para inspirar os poetas ou, como no meu caso, para agradecer a minha professora da quinta série.

Em geral, acredita-se que nossas memórias episódicas mais precoces remontam aos 3 anos e meio, quando o hipocampo se torna significativamente funcional. No entanto, há evidências de que, em alguns casos, elas podem acontecer bem antes. Com a confirmação da minha mãe, afirmo com segurança que a minha memória episódica mais antiga, por volta dos 2 anos e meio, é a de estar perto de uma janela ao lado do meu berço, fascinado por um raio de luz que entrava no silêncio do quarto. Partículas dançantes de poeira cintilavam no feixe translúcido. Eu me recordo de minha mãe abrindo a porta de repente, interrompendo minha fascinação onírica pelo raio de luz cintilante.* É claro que eu não sabia o que eram partículas de poeira, feixes de luz ou cintilação. Só muito mais tarde aprenderia

---

* Isso foi confirmado pela minha mãe. Ela se lembra bem, pois foi quando nos mudamos para um apartamento onde eu tinha o meu próprio quarto. De fato, ela se lembra de ter me visto encantado com o feixe de luz.

essas palavras e suas distintas definições. No entanto, aquela sensação encantadora de devaneio com a luz do sol tem até hoje uma qualidade "mágica" e animadora que me faz sentir vivo. É a riqueza contínua daquela lembrança mística que me encoraja a permanecer no momento presente e no espaço de luz e silêncio. Ela continua a enriquecer a minha jornada espiritual e é atualizada a cada encontro semelhante e sincrônico com o meu profundo eu interior.

MEMÓRIA IMPLÍCITA: EMOCIONAL E PROCEDURAL

Radicalmente diferentes das memórias declarativas "frias" e das episódicas "mornas", as memórias implícitas são "quentes" e fascinantes. À diferença das memórias explícitas conscientes (incluindo recordações declarativas e episódicas), existe uma extensa categoria de *memórias implícitas*. Não é possível convocá-las de modo deliberado ou acessá-las como reminiscências "oníricas". Ao contrário, elas surgem como uma colagem de sensações, emoções e comportamentos. Memórias implícitas aparecem e desaparecem de forma sorrateira, muito além dos limites da nossa percepção consciente. Elas se organizam principalmente em torno das emoções e/ou habilidades, ou dos "procedimentos" — coisas que o corpo faz de forma automática (às vezes chamados de "padrões de ação").

Na verdade, embora as memórias emocionais e procedurais se misturem, vou separar esses dois tipos de memórias implícitas para esclarecimento. Enquanto as memórias emocionais afetam fortemente os nossos comportamentos, as procedurais muitas vezes têm uma influência ainda mais profunda — para melhor ou pior — na configuração da nossa vida.

LEMES EMOCIONAIS

Segundo as extensas observações de Darwin, as emoções são instintos universais compartilhados por todos os mamíferos — um clube ao qual pertencemos (embora nem sempre admitamos essa filiação) e do qual adquirimos instintos semelhantes. Essas emoções "mamíferas universais" incluem a surpresa, o medo, a raiva, a repugnância, a tristeza e a alegria. Gostaria humildemente de sugerir a inclusão da curiosidade, do entusiasmo, da satisfação e da vitória nessa coleção de emoções inatas ("sentidas pelas sensações").

A função da memória emocional é sinalizar e codificar experiências importantes para uma referência imediata e poderosa *a posteriori*. Como os marcadores de livros, as emoções são sinais carregados que selecionam uma memória procedural específica de um livro de possíveis memórias motoras. Elas induzem a organização de temas para a ação. Desse modo, as memórias emocionais fazem uma interface com as procedurais ("corporais") logo abaixo da percepção consciente (ver figura 2.2). As emoções fornecem dados relevantes baseados tanto na sobrevivência quanto nos aspectos sociais para orientar respostas apropriadas a quaisquer situações, em especial quando a tentativa de entendimento mental pode ser muito lenta e provavelmente inadequada. Por isso, essas memórias são de vital importância para o nosso bem-estar individual, assim como para a sobrevivência da espécie. É fundamental considerar que as memórias emocionais são vivenciadas no corpo como sensações físicas. De fato, na figura 2.3, vemos os padrões somáticos claros de cada uma das emoções primárias.

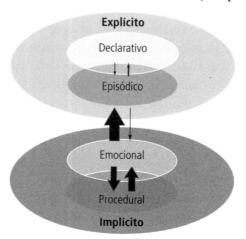

Figura 2.2 — Inter-relação entre os sistemas de memória

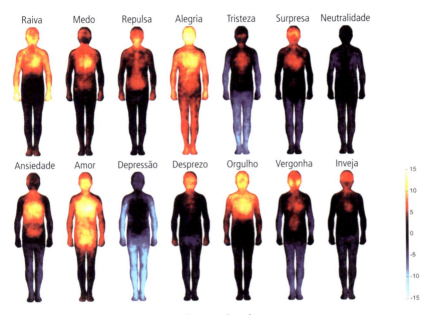

Figura 2.3 — Assinaturas corporais emocionais

Fonte: NUMMENMAA, Lauri et al. "Bodily maps of emotions". *Proceedings of the National Academy of Sciences*, v. 111, n. 2, p. 646-51, jan. 2014. Disponível em: <http://www.pnas.org/cgi/doi/10.1073/pnas.1321664111>. Acesso em: 24 mar. 2023.

As memórias emocionais são normalmente desencadeadas por aspectos de uma situação atual onde existem tipos e intensidades semelhantes de emoções. Essas emoções buscam no passado as memórias procedurais, isto é, ações baseadas na sobrevivência (padrões fixos de ação). Embora, muitas vezes, tais respostas de ação sejam estratégias bem-sucedidas, no caso do trauma elas falharam de forma definitiva e trágica. Tais reações habituais e inadequadas deixam o indivíduo enredado no medo emocional não resolvido, na dissociação e na confusão. No entanto, primeiro vamos vislumbrar o papel central que as emoções positivas desempenham na nossa humanidade social compartilhada.

COMO VOCÊ SABE O QUE EU SEI DO QUE EU SEI DE VOCÊ...

> *Se sua prática diária consiste em se abrir às emoções, a todas as pessoas que encontrar, a todas as situações com que se deparar, sem se fechar, confiando que pode fazê-lo — isso o levará tão longe quanto puder ir. E então compreenderá todos os ensinamentos recebidos.*
> — Pema Chödrön, professora budista

Já bem anterior a Darwin e até o presente, inúmeras matrizes teóricas sobre as emoções foram geradas, promovidas, abandonadas e, no final, descartadas. Esses esquemas abarcam hipóteses filosóficas, biológicas, desenvolvimentistas, psicológicas e sociológicas. No entanto, de forma simples, as emoções de base social servem a dois propósitos primários: o primeiro é sinalizar aos outros o que estamos sentindo e do que necessitamos; o segundo é sinalizar para nós mesmos o que estamos sentindo e do que necessitamos. Essa função dual permite que dois indivíduos coparticipem das suas sensações mútuas. É um compartilhamento íntimo dos mundos internos, que às vezes é chamado de "intersubjetividade". Esse tipo de "ressonância" emocional me permite saber o que você está sentindo e também o que eu estou sentindo. Compartilhamos essa conexão porque nossas expressões faciais e posturais sinalizam esses estados aos outros — e também porque o *feedback* padronizado para o cérebro dos receptores nos nossos músculos faciais e posturais ativados (juntamente com o *feedback* do nosso sistema nervoso autônomo) nos informa o sentimento interno dessas expressões.

Como funções de ordem superior, as emoções nos permitem compartilhar o que sentimos um pelo outro, percebendo as necessidades mútuas e guiando a nossa interação. Dos primeiros choros e sorrisos do bebê às alegrias e birras da criança; dos flertes do adolescente às conversas íntimas do adulto, as emoções são uma forma concisa de troca relacional, um saber primário. Portanto, o papel central das emoções sociais é facilitar nossas relações conosco e com os outros. É também o modo como cooperamos e transmitimos as normas sociais.

As emoções têm o potencial de nos conectar com as nossas partes profundas; elas são parte da indução interna que nos diz do que necessitamos. São a base de como nos relacionamos conosco e nos conhecemos. São uma parte importante da conexão com nosso saber interno, com nossa voz interna, com nossa intuição — com quem nós realmente somos. Elas nos conectam à essência de como nós nos percebemos, com nossa vivacidade, vitalidade e propósito na vida. De fato, uma das condições "psicológicas" mais infortunadas é a *alexitimia*, a incapacidade de nos conectar, nomear e comunicar nossas emoções. Essa condição problemática é muitas vezes associada ao trauma,[12] e deixa as pessoas num estado de entorpecimento desmoralizante, como se fossem "mortos vivos".

A seguir, vamos levar nossa atenção para os estratos mais profundos da memória, a camada embutida das memórias procedurais.

3. MEMÓRIA PROCEDURAL

O que a mente esqueceu, o corpo não, […] felizmente.
— Sigmund Freud

Se as memórias emocionais são "sinais", as procedurais são os impulsos, os movimentos e as sensações corporais internas que guiam nossas ações, habilidades, atrações e repulsas. É possível dividir as *memórias procedurais* em três categorias extensas. A primeira envolve *atividades motoras aprendidas*, as quais incluem habilidades como dançar, esquiar, andar de bicicleta e fazer amor, entre outras. Com a prática, esses "padrões de ação" continuam a ser alterados por regiões superiores do cérebro, como no aprendizado e na sincronização de novos passos de tango e no refinamento do sexo, incorporando mais sensualidade e contenção, como ensinam várias práticas tântricas.

A segunda categoria de memórias procedurais envolve *respostas imediatas* programadas que convocam nossos instintos de sobrevivência diante de uma ameaça. Esses padrões de ação fixos incluem suportar, contrair, retrair, lutar, fugir e paralisar, bem como estabelecer e manter limites territoriais. Essas respostas imediatas, instintivas e potentes têm um papel crucial na formação e na resolução de memórias traumáticas.*

---

* Embora os padrões de ação imediata baseados na sobrevivência não sejam, em termos históricos, classificados como memória procedural, a vasta experiência clínica reforça que é possível incluí-los nesta categoria. Na verdade, esses padrões de ação fixos (PAF) são modificáveis através da inibição seletiva das áreas frontais (mediais) superiores para que possam exibir traços de aprendizado característicos de outras memórias procedurais.

A terceira categoria são as tendências fundamentais da resposta organísmica* de *aproximação* ou *evitação*, de *atração* ou *repulsão*. No nível físico, nós nos aproximamos de uma provável fonte de nutrição e crescimento e evitamos fontes de danos e de toxidade. Esses mecanismos de evitação incluem os atos motores de enrijecimento, retração e contração. Por outro lado, os mecanismos de aproximação envolvem expansão, extensão e alcance. Os padrões de atração têm que ver com aproximar-se das pessoas ou buscar o que queremos na vida. Os padrões de evitação incluem nos afastar de alimentos que têm odor ou sabor desagradável, ou de indivíduos que parecem ser "emocionalmente tóxicos" para nós.

Esses padrões de movimento, de aproximação e evitação, formam os lemes motivacionais primitivos e subjacentes da nossa vida. São os *planos de ação* de todos os organismos vivos, desde os da simples ameba às nossas complexas interações humanoides com o mundo e uns com os outros. Desse modo, eles são uma bússola que nos guia na vida. É possível pensar nessas funções básicas — às vezes chamadas de "valências hedônicas" — como um semáforo de luzes verde (aproximação), amarela (alerta e avaliação) e vermelha (evitação). O relato a seguir é um exemplo das motivações muitas vezes ocultas dessas pistas internas e de como nós as usamos para contornar obstáculos e buscar nutrição.

ARNOLD E EU

Peço paciência, pois vou apresentar outro exemplo pessoal. A passagem a seguir ilustra a trama viva das funções das memórias procedurais, emocionais, episódicas e declarativas no tecido da nossa vida.

Há cerca de 25 anos, fui a Nova York visitar os meus pais. Depois de um dia passeando por museus, peguei o metrô para voltar para

---

* Um organismo é um sistema vivo complexo, com propriedades e funções determinadas não só por tais características e pelas relações entre suas partes, mas também por sua totalidade e pelas relações das partes com o todo.

casa. Era hora do *rush*, e os homens de família em vários tons de cinza, a maioria com jornais dobrados debaixo do braço, se amontavam no vagão. Um homem alto chamou minha atenção. Ao vê-lo, experimentei uma vaga sensação visceral de cordialidade e bem-estar com aquele estranho. Experimentei isso como uma expansão ou amplitude específica no peito e na barriga, junto com um desejo tênue de me aproximar dele. Nós dois descemos na 205th Street, a última parada no Bronx. Seguindo um impulso peculiar nas pernas, me aproximei e toquei o braço dele. Nós nos entreolhamos com curiosidade. O nome "Arnold" brotou de modo inesperado. Não sei quem estava mais surpreso quando nos olhamos, perplexos, por alguns instantes. Foi então que percebi que Arnold e eu fomos colegas no primeiro ano escolar — cerca de 40 anos antes desse encontro casual no metrô.

Aos 6 anos de idade, eu era, de longe, o menor da classe. Minhas orelhas eram descomunais e eu sofria *bullying* com frequência. Arnold era a única criança que sempre foi amigável comigo. Desse modo, criamos a base para um relacionamento emocional duradouro. O *imprint* da sua proteção gentil ficou adormecido nos bancos da minha memória emocional e procedural por décadas até que, seguindo as pistas momentâneas do reconhecimento postural e facial, eu o abordei e descobri o contexto da nossa história compartilhada.

Enquanto eu subia a ladeira para o apartamento dos meus pais, senti minha coluna se alongando, como se um cordão invisível a erguesse e puxasse a minha cabeça para cima com suavidade. Meus passos se aceleraram de modo visível. Fui inundado por uma torrente de imagens e sentimentos relativos ao primeiro ano. Com essas memórias episódicas e as sensações de amplitude em meu peito que as acompanharam, consegui refletir sobre alguns momentos de angústia. Recordei-me dos insultos dos meus colegas de classe chamando-me de "Dumbo" (como o elefante da Disney) por causa das minhas orelhas enormes.

Assim que entrei no prédio, tive uma clara sensação física de força nas pernas e nos braços e de um orgulho crescente no peito. Com aquela consciência procedural, outra memória episódica surgiu, e eu me recordei de quando me atacaram pela última vez, há mais de 60 anos. Dois dos valentões mais cruéis — gêmeos, na verdade — me encurralaram. Ainda podia ver seus rostos maldosos e zombeteiros enquanto eles me forçavam para a contramão, no tráfego intenso da Gun Hill Road. Para a nossa surpresa, comecei a agitar os braços com rapidez e a andar de modo desafiador na direção deles. Eles ficaram paralisados. Suas expressões se alteraram de zombaria e desprezo para espanto e medo, enquanto corriam. Aquela foi a última vez que sofri *bullying*. Depois disso, as outras crianças passaram a me tratar com respeito e a me convidar para brincar.

Esse episódio ilustra a importância duradoura das memórias procedurais e emocionais como recursos corporificados que ficam disponíveis para ser mobilizados ao longo da vida. Assim que registrei Arnold no trem, a "lembrança" que surgiu foi uma vaga memória implícita — um fascínio estranho por ele, desprovido de conteúdo ou contexto. Essa memória procedural se manifestou como um olhar demorado, uma leve expansão no peito, um alongamento na coluna e uma sensação de calor e espaço na barriga. No entanto, ao me aproximar dele, e quando seu nome brotou dos meus lábios, comecei a transitar de uma memória implícita procedural (sensações corporais, posturas, impulsos motores) para uma memória emocional (surpresa, curiosidade) e então para uma memória episódica com a qual eu conseguia fluir e sobre a qual podia refletir (ver figura 2.2, na p. 46).

Com a porta aberta ao passado, eu me lembrei com mais consciência de trechos, ou memórias episódicas, da saga de todo aquele ano: ingressar naquela turma já na metade do ano letivo devido à minha idade, registrar o desconforto de me sentir deslocado, perceber como Arnold me apoiava para que eu ganhasse força e confiança próprias como criança e enfim me reconectar com a vitória sobre os valentões da classe e ganhar a aceitação das outras crianças. Em meio a essas memórias episódicas, consegui sentir a prontidão e a força nos meus braços e ombros enquanto me imaginava atacando os valentões. Foi nesse momento que minha memória episódica convocou, mais uma vez, as memórias procedurais de defesa, força e autoproteção. Ao subir as escadas para o apartamento com determinação e energia, senti gratidão e orgulho. Agora eu podia descrever essa memória episódica como uma história coerente, de forma declarativa e narrativa.

Após minha atração procedural inicial por Arnold no trem, as lembranças dos encontros do meu primeiro ano escolar ressurgiram como memórias episódicas enquanto eu caminhava para a casa dos meus pais. Eu as revisitei com relativa consciência, mesmo elas sendo primordialmente espontâneas. Como a *madeleine* em *Lembrança de coisas passadas*, de Proust, minha estranha atração (procedural) por Arnold teve um *gatilho implícito*. No caso de Proust, esse gatilho foi o sabor de um biscoito embebido no chá. Ele não pensou: "Ah, este biscoito me lembra de quando eu era criança e minha mãe me dava chá com *madeleines*, e isso me fez recordar a minha caminhada para a escola". Ao contrário, a *experiência sensorial* do chá e do biscoito acionaram processos procedurais, episódicos e emocionais em grande parte subconscientes. Para mim, o gatilho foi o reconhecimento remoto e implícito das múltiplas formas e contornos do rosto de Arnold, da sua postura e dos seus movimentos. Sem a percepção consciente, de algum modo eu classifiquei os milhares de rostos, corpos, posturas e jeitos de andar aos quais fui exposto ao longo da vida e extrapolei esses padrões da infância para um homem de 46 anos! Isso só foi possível porque Arnold — 40 anos antes — teve um poderoso efeito físico, emocional e relacional sobre mim.

Se, quando adultos, encontramos um conhecido da infância na rua, a probabilidade de não o reconhecermos de modo consciente é grande. No entanto, é bem provável que experimentemos uma sensação e um contexto relacional específicos: de alegria, se foi um amigo, ou de medo, se foi alguém que nos intimidou. Em outras palavras, somos capazes de diferenciar entre um amigo e um inimigo, mas sem ter a menor ideia do seu nome ou de onde o conhecemos, ou *se* o conhecemos — até que a memória procedural emocional transite para uma colagem episódica e, então, para uma forma declarativa. Mesmo para um supercomputador como o Watson da IBM, é um grande desafio realizar uma tarefa tão complexa como a de reconhecer padrões. Até os computadores mais sofisticados e sua elite de programadores são incapazes de reconhecer e utilizar "tons emocionais" do mesmo modo que os humanos e os animais. Esse é o poder manifestado das memórias implícitas ao registrar as experiências relacionais com nuances emocionais e de continuar computando significados ao longo do nosso desenvolvimento.

A capacidade de nos mover entre a memória implícita e a explícita, da menos consciente para a mais consciente (e vice-versa), é também um tema importante na integração das experiências traumáticas e, em geral, no aprendizado de quem éramos, de quem somos e de quem seremos. A minha lembrança de Arnold demonstra o valor dessa comunicação coerente entre os sistemas de memórias implícitas e explícitas. É a relação fluida entre sensação, sentimento, imagem e ação que me permitiu tecer uma narrativa adulta nova e fresca, uma que reforçou o meu senso de domínio, de vitória, de vitalidade e de individualidade. Para mim, essa confiança renovada e o senso da minha própria força e ação foram oportunos. Acredito que isso fortaleceu a minha resolução de abandonar um "trabalho diário" exaustivo e de conquistar a liberdade necessária para liberar minha criatividade. Possivelmente, me deu, inclusive, a confiança para buscar o meu sustento financeiro fora dos mundos acadêmico e industrial. Essa ação independente energizou minha busca pela visão terapêutica que se tornou a Somatic Experiencing®, o trabalho da minha vida. Na verdade, essa jornada ilustra a importância das memórias procedurais como *recursos corporificados* a fundo para avançar na vida.

Quantas pessoas como Arnold "vivem" em nossa psique, reforçando ou assombrando nossas emoções e controlando as nossas reações corporais? Embora talvez sejamos pouco cientes da sua existência, nós estamos sob sua sombra, para melhor ou pior. De fato, essas memórias implícitas são geralmente ativadas por baixo do radar da nossa percepção consciente, muitas vezes quando menos esperamos ou desejamos que emerjam. Para quebrar esses "complexos" negativos (com frequência, associados aos nossos pais) e realçar os positivos, devemos desenvolver uma capacidade de autoexploração e de autoconsciência reflexiva. Minha história sobre Arnold é um exemplo de como podemos nos abrir para essa curiosidade e para a exploração da vida, e de como ela pode nos motivar e empoderar.

A importância crucial das emoções, procedimentos e narrativas para dar sentido ao nosso mundo também se apresenta no estudo de caso a seguir, no qual essa trama integrativa fundamental das memórias implícitas e explícitas foi destruída por completo. David é um paciente neurológico cujos comportamentos mostram o que acontece quando os vários sistemas de memórias são inacessíveis uns aos outros — quando estão ausentes, desconectados ou dissociados, como acontece até certo ponto no caso do trauma.

DAVID, ABANDONADO EM UMA ILHA

David, com danos cerebrais graves em seu sistema límbico, viveu em um lar para pessoas com deficiência mental a maior parte da sua vida adulta. Os cuidadores da instituição começaram a notar uma artimanha interessante nos comportamentos dele: sem perder o prazer pela comida e por outras satisfações sensoriais, muitas vezes ele pedia cigarros ou alimentos aos outros pacientes. Os cuidadores notaram que ele sempre gravitava em torno de certos residentes e que seus pedidos para essas pessoas específicas eram cada vez mais frequentes. Em uma observação casual, eles perceberam que o corpo de David tinha sobressaltos e espasmos e "congelava" quando ele encontrava uma pessoa pouco amigável no corredor. Ele se virava de modo brusco e continuava a caminhar como se nada tivesse acontecido.

Observando apenas os comportamentos diários de David, ele parecia ser bem normal. Aproximava-se das pessoas que o ajudaram no passado e evitava as que se negaram a auxiliá-lo. Parecia ter uma capacidade intacta de discernir as intenções das pessoas e de responder de modo apropriado. No entanto, apesar da sua aparente capacidade de reconhecer pacientes distintos ao se aproximar deles ou ao evitá-los repetidas vezes, logo depois era incapaz de se lembrar com quem acabara de interagir ou de reconhecer os rostos dessas pessoas de modo consciente. Mas, ao que parecia, *o corpo dele se lembrava*, pois David alterava a aproximação ou a evitação de uma pessoa específica, retendo de algum modo o resultado de cada encontro anterior.

Todos os tipos de testes intelectuais demonstravam que a inteligência de David era acima da média. Nenhum dos testes de raciocínio baseados só na cognição indicava algum déficit intelectual — pelo contrário. Na verdade, o seu raciocínio intelectual era bem preservado, desde que *não* envolvesse uma associação emocional ou relacional. Nesse quesito, David parecia normal, até mesmo com uma sagacidade incomum e com um QI alto. Porém, testes mais sofisticados demonstraram que a sua capacidade para julgamentos morais (que exigem tons emocionais e relacionais sutis) era muito comprometida.

António Damásio, o conhecido neurologista consultor da instituição onde David estava, desenvolveu um experimento inteligente do tipo "bom policial, mau policial"* para avaliar os comportamentos e a função cerebral de David.[13] Damásio pediu que funcionários distintos se comportassem de modo consistente sempre que David os abordasse. Um grupo só respondia com um sorriso amigável e era sempre prestativo. Os integrantes do segundo grupo eram hostis e diziam coisas para confundi-lo. Um terceiro grupo era neutro às suas investidas.

Então David foi convidado para uma "exposição" fotográfica. Ao olhar para quatro fotos — de um indivíduo amistoso, de uma pessoa hostil, de alguém neutro e de um desconhecido —, ele foi incapaz de nomear ou selecionar a pessoa com quem acabara de interagir. Era como se aquelas pessoas não existissem para ele. No entanto, apesar dessa incapacidade gritante para uma identificação facial consciente (como ficou claro na exposição) numa situação social real, o seu corpo se aproximava da pessoa amigável, que ele escolhia de modo seletivo, e evitava nitidamente os simuladores hostis. Essa seleção ocorreu *mais de 80 por cento das vezes*. Além do mais, uma

---

* "Bom policial, mau policial" é uma tática psicológica usada em negociações e interrogatórios, em que dois interrogadores fazem abordagens aparentemente opostas do assunto. [N. T.]

pesquisadora-assistente jovem, bonita e amável por natureza, foi selecionada para representar uma figura hostil no experimento. David, que tinha a reputação de ser paquerador e ter uma forte atração por mulheres bonitas, quase não a abordou com os seus pedidos. Oitenta por cento das vezes, ele escolheu um homem de aparência comum que era sempre amigável com ele.

O que permitia que David escolhesse determinadas pessoas quando era incapaz (de forma consciente) de reconhecê-las ou identificá-las pelo nome? Ficou claro que ele tinha uma memória *procedural* intacta dos encontros prévios com aqueles indivíduos. Esse registro revelou-se nos seus comportamentos definitivos de aproximação ou evitação — *o corpo dele se lembrava claramente*, embora "ele" não tivesse nenhuma recordação consciente dos encontros. Ao escolher a amabilidade e evitar a rejeição gélida, seu corpo era, de certo modo, guiado por determinados procedimentos (implícitos) sensatos, pelas valências de *aproximação versus evitação*.

Por causa do grave dano cerebral nos seus lobos temporais, David perdeu a função das partes centrais do cérebro, as áreas onde registramos as emoções e os relacionamentos. O dano obliterou uma parte significativa dos seus lobos temporais, incluindo a amígdala e o hipocampo, duas estruturas envolvidas na emoção, na memória (espacial-temporal) de curto prazo e no aprendizado. Essa atribulação específica abandonou e isolou David em uma ilha, separado do passado e do futuro e incapaz de fazer julgamentos morais, bem como de estabelecer relacionamentos que se estendessem para além do presente imediato. Era um cenário de pesadelo do qual ele, "felizmente", parecia não ter consciência.

Apesar de todas as suas deficiências, de algum modo David conseguia avaliar e executar de modo inconsciente uma decisão comportamental complexa de aproximação ou evitação. Devido à sua habilidade intacta de aproximação ou evitação seletiva, podemos supor que essas "decisões" ocorriam na parte superior do tronco cerebral, incluindo o tálamo, o cerebelo e o sistema motor involuntário extrapiramidal. A avaliação desses procedimentos e dessas "protoemoções" ocorria *abaixo* do nível do cérebro emocional (inexistente devido ao dano severo) e fora do alcance do neocórtex (raciocínio). Essa determinação inconsciente de aproximação ou evitação do tronco cerebral superior era forte o bastante para anular seus impulsos "sensuais" em relação à bela, mas desagradável, simuladora feminina.

É bem improvável que a decisão de David de se aproximar de um funcionário amigável específico ocorresse no seu córtex cerebral (totalmente funcional). Em geral, na nossa ingenuidade, muitos de nós imaginamos que, ao ver um rosto, primeiro o analisamos com a mente e depois, com base nas nossas observações conscientes, avaliamos se a pessoa é amigável ou hostil, respondendo então de modo adequado. Se o discernimento de David sobre uma pessoa amigável ou hostil e sua "decisão" de se aproximar dela ou evitá-la ocorresse no neocórtex consciente, ele teria uma memória declarativa confiável dos seus encontros e, com certeza, teria sido capaz de escolher a pessoa certa na exposição fotográfica do dr. Damásio. Ficou claro que esse não era o caso.

Sua decisão de se aproximar dos simuladores ou evitá-los não ocorria na região emocional (temporal-límbica) do seu cérebro, pois toda essa área era inoperante devido ao grave dano. A única parte remanescente do cérebro capaz de tomar essas "decisões" complexas era a região do seu tronco cerebral, cerebelo e tálamo. Porém, sem a intermediação do cérebro límbico (responsável pelas emoções e relações), ele era incapaz de fazer o "*upload*" das informações do seu tronco cerebral primitivo (valências de aproximação *versus* evitação baseadas no corpo) para o cérebro límbico, que registra a qualidade sentida e o contexto das suas relações com os simuladores. Nele, as informações são armazenadas como uma memória emocional. Por sua vez, normalmente há um *upload* dessa memória límbica (emocional) para o córtex cerebral central, onde então é registrada, acessada e compilada como memórias episódicas e declarativas que contêm nomes e rostos. Porém, esse processamento sequencial inexiste em David e não alcança o córtex cerebral, não devido a uma insuficiência nessa área (ilesa, como mostrado por seu QI bem acima da média), mas pela incapacidade de gravar memórias emocionais com base nas valências procedurais adequadas de aproximação e evitação do seu tronco cerebral.

A única conclusão razoável é que existe, no tronco cerebral superior e no tálamo, uma capacidade complexa para avaliações sempre precisas — 80 por cento — e uma ramificação de decisões altamente diferenciada para as escolhas implícitas entre aproximação (nutrição) e evitação (ameaça). Essa aparente tomada de decisão no tronco cerebral vai contra o que em geral é aceito sobre a memória humana e a consciência.

Central ao tema deste livro é que a existência de memórias procedurais, que estão bem abaixo da consciência desperta normal, é fundamental para o trabalho clínico com as memórias traumáticas.

4. EMOÇÕES, MEMÓRIAS PROCEDURAIS E A ESTRUTURA DO TRAUMA

Este capítulo começa com uma discussão sobre como as memórias procedurais formam o alicerce das nossas sensações e também de muitos dos nossos sentimentos, pensamentos e crenças. Também discutiremos como é possível acessar essas memórias para "renegociar" um trauma, seja um trauma debilitante, com "T" maiúsculo, ou um aparentemente sem consequência, com "t" minúsculo.

No capítulo 3, vimos que a subcategoria fundamental das memórias implícitas, chamadas de *memórias procedurais*, envolve padrões de movimento. Esses *programas de ação* incluem: (1) habilidades motoras aprendidas; (2) valências de aproximação/evitação;[14] e (3) reações de sobrevivência. Os dois últimos envolvem *programas de movimentos inatos* (padrões de ação) a serviço da evolução para realizar ações necessárias à nossa sobrevivência e ao nosso bem-estar.

A persistência, o poder e a longevidade das memórias procedurais são o que as torna fundamentais ao considerarmos qualquer protocolo terapêutico. É importante notar que, de todos os subsistemas da memória, o das reações instintivas de sobrevivência é o mais profundo e o mais potente, e, em momentos de ameaça e estresse, em geral se sobrepõe aos outros subtipos de memórias implícitas e explícitas (ver figura 4.1).

Primeiro, consideremos um exemplo de memória procedural como uma *habilidade motora adquirida*. Aprender a andar de bicicleta parece uma tarefa desafiadora, se não aterrorizante, mas com a ajuda de um dos pais ou de um irmão mais velho dominamos as forças quixotescas da gravidade, a velocidade e o impulso. Fazemos isso de modo *procedural*, sem envolver nenhum conhecimento explí-

Figura 4.1 — Relações entre os sistemas de memória implícita e explícita no planejamento e na projeção futura (avançar na vida)

cito da física ou da matemática. Aprendemos a dominar essas forças em grande parte por tentativa e erro; a curva de aprendizado exigida é bem íngreme. O adágio de que ninguém esquece como andar de bicicleta soa verdadeiro para a maioria das memórias procedurais, para melhor ou pior. Portanto, se nos nossos primeiros esforços, por um infortúnio, derrapamos no cascalho solto e nos esborrachamos no chão, isso afeta a aquisição de movimentos equilibrados e de posturas corporais necessárias e apropriadas. Então, quando enfim conseguimos manejar a bicicleta, talvez o façamos com uma hesitação que leva à instabilidade, ou ao contrário, com ousadia imprudente e "contrafóbica". O que deveria evoluir com naturalidade para uma habilidade motora adquirida cheia de nuances se sobrepõe e se torna um padrão reativo habitual de sobrevivência, que consiste em resistir e contrair-se, ou então supercompensar, assumindo riscos contrafóbicos; ambos os resultados estão longe do ideal e são exemplos infelizes da persistência de uma memória procedural. *Na verdade, memórias procedurais e emocionais persistentes e mal adaptativas formam o mecanismo central subjacente a todos os traumas e a várias questões sociais e relacionais problemáticas.*

Com o tempo, por tentativa e erro, sucesso e fracasso, o nosso corpo agrupa as estratégias de movimento que funcionam e as que não funcionam. Por exemplo, em quais situações devemos nos aproximar e em quais devemos nos retirar? Qual é a hora de nos engajar, "lutar ou fugir", ou de "congelar" e ficar imóveis? Um exemplo específico da persistência das memórias procedurais inadequadas (envolvendo aproximação/evitação e reações de sobrevivência) é o caso de Ana, que foi estuprada pelo avô quando era criança e agora, adulta, se enrijece, se retrai e por fim desaba com medo e repulsa das carícias do marido amoroso. A incapacidade desmoralizante de discernir entre uma pessoa confiável e uma perigosa se agrava com a tendência, baseada na sobrevivência, de enxergar perigo onde existe apenas a semelhança mais superficial — neste caso, a combinação dos gatilhos homem e toque. Portanto, o trauma de Ana, relembrado de modo consciente ou não, a induz ao erro infeliz de perceber uma ameaça de violação por seu amado e carinhoso parceiro.

Na terapia, Ana se permite sentir um impulso físico de afastar-se do marido, o que sugere uma reação incompleta baseada na sobrevivência. Tal impulso existe como uma memória procedural despida de conteúdo, mas atua como se ela estivesse nas garras do avô. Ao sentir mais a fundo como o seu corpo se enrijece e se contrai, lhe surge uma imagem espontânea do avô e seu hálito forte de cigarro. Então, Ana experimenta um impulso de afastá-lo. Ao se concentrar nesse impulso, ela sente uma força tímida nos braços e compaixão por si mesma, compreendendo que não conseguiu afastá-lo porque era uma criança. Então sente um surto de raiva e uma força sustentada enquanto empurra (a imagem dele) para longe. Também sente uma onda de náusea e a testa banhada em suor. Essa reação autonômica satisfaz e completa o impulso de repelir o avô; é uma parte importante da reformulação da resposta frustrada original à memória procedural de tentar se afastar dele. Tal reação é acompanhada de uma respiração completa e profunda, calor nas mãos e, por fim, uma calma inesperada. Ana percebe, agradecida, sua empolgação de voltar para casa. Na consulta seguinte, ela relata que conseguiu desfrutar o toque do marido e se sentir segura nos braços dele. Agora, quer se preparar aos poucos para uma exploração sexual inicial com seu amado esposo.

AMIGO OU INIMIGO?

Como vimos no capítulo 3, emoções moderadas e sentimentos matizados servem à função dinâmica de construir e sustentar relacionamentos em momentos de relativa segurança. Isso ocorre porque tais emoções e sentimentos comunicam importantes informações sociais aos outros e também a nós mesmos. As percepções emocionais relativas ao ambiente têm a função de nos guiar nas situações sociais e de gerar coesão intragrupal. Isso acontece por meio de uma vasta gama de sentimentos, em especial aqueles considerados positivos ou "eudaimônicos", como alegria, carinho, pertencimento, propósito, cooperação e paz. Quando encontramos um amigo que não víamos há muito tempo, nós nos alegramos. Ou se alguém que amamos vai embora ou morre, primeiro sentimos pesar e depois somos tomados por uma tristeza purificadora e por lembranças afetuosas.*

Às vezes, níveis baixos a moderados de raiva são um alerta de interferência num relacionamento ou numa tarefa. O ideal é que essa raiva nos guie, nos motive e nos fortaleça para remover o obstáculo, restaurar o relacionamento e nos levar adiante. Em níveis moderados, as emoções talvez sinalizem a *possibilidade* de perigo. Transmitimos essa potencialidade aos outros pela linguagem corporal, por nossas posturas e expressões faciais. Sendo animais sociais, quando pressentimos o perigo, nos tensionamos e ficamos de prontidão, preparando--nos para agir e alertando os outros, para então atuarmos em conjunto de modo protetor, evasivo, defensivo ou agressivo.

Altos níveis de medo, raiva, terror ou ira nos levam a agir com intensidade, de forma súbita e com determinação, selecionando e

---

* Os brasileiros nomeiam esse sentimento delicado de "saudade". A definição dessa palavra inclui o sentimento da perda de uma pessoa querida, porém mantendo-a no coração de forma que ela permanece conosco para sempre.

convocando de modo inconsciente memórias procedurais específicas para lutar ou fugir. Se não podemos completar essas ações ou se somos oprimidos, nós congelamos ou desmoronamos numa imobilidade impotente, preservando a nossa energia até que a segurança seja restaurada. Em suma, quando níveis altos de ativação são evocados e emoções intensas assumem o controle, isso pode "virar nossa chave" para acionar programas procedurais de sobrevivência do tipo "matar ou morrer" (modo "lutar ou fugir") ou nos desligar no estado de colapso, vergonha, derrota e impotência.

Em geral, níveis moderados a altos de emoções "negativas" intensas, evocadas de modo subcortical, em especial o medo e a raiva, são indícios de perigo e nos incitam a localizar a fonte, a avaliar a real ameaça e então convocar as ações necessárias para defender e proteger a nós e aos outros. No entanto, essa opção de ação será (devidamente) questionada se nossa avaliação indicar uma ausência de perigo. Nesse caso, retornamos a um estado fluido de *alerta relaxado*.

Quantos de nós já não passamos por um momento de medo inexplicável e de enrijecimento quando nos assustamos com um som inesperado ou com uma sombra em movimento, para logo depois identificarmos o perigo "potencial" com facilidade e avaliarmos sua real relevância e risco? Na maioria das vezes, esse acontecimento carregado, que é marcado pela emoção e mobiliza a atenção, é algo benigno, como no caso de uma porta se abrindo de repente ou uma cortina balançando ao vento. Se tivermos um sistema nervoso equilibrado e resiliente, nosso ego observador/córtex pré-frontal, nosso "aqui e agora", diz à amígdala, carregada emocionalmente: "Fica fria. Relaxa. É só o seu amigo João que chegou mais cedo para o nosso encontro e abriu uma porta". *Portanto, quando somos capazes de recuar, observar e reduzir a intensidade dessas emoções, temos a possibilidade de também selecionar e modificar as próprias respostas de sobrevivência.*

Numa série intrigante de sincronicidades, enquanto trabalhávamos neste capítulo, Laura (minha editora) e eu fomos caminhar no belo parque Mythenquai à margem do lago, em Zurique. Caminhamos entre as crianças que se divertiam nas piscinas rasas, nos balanços e no trepa-trepa, relaxando sob o calor suave, entregues aos encantos do dia e nos divertindo no rico ambiente sensorial. De repente, quase em uníssono, paramos assustados e sem ar. Ao mesmo tempo, examinamos os arredores, centrando nossa atenção numa moita de bambus altos. Ao notar os troncos altíssimos que se curvavam e sacudiam sem explicação, paramos alertas, tensos e hiperfocados, procurando identificar a fonte de ameaça e nos preparando para fugir com rapidez. Nada além do movimento do bambuzal ocupava a nossa consciência. A abertura do nosso campo sensorial se contraiu de imediato, e os prazeres exuberantes do parque desapareceram.

Para nossos distantes ancestrais nas selvas densas, esse padrão de movimento e farfalhar poderia sinalizar um tigre escondido, pronto para atacar. No entanto, essa reação instintiva burilada pelo tempo era ridícula, pois aquele era o lugar menos provável para uma ameaça desse tipo! De fato, ao observar novamente, percebemos que era apenas um bando de crianças desobedecendo às rígidas normas suíças e se escondendo no denso bambuzal, brincando de Tarzan na selva. Elas curvavam com força alguns dos caules mais altos; era óbvio que não havia razão para alarme, só para risos. Tal reação exagerada e movida pelo medo a uma situação benigna é um exemplo do que é conhecido no jargão técnico como *falso-positivo*. No início, reagimos "de forma positiva", como se o chacoalhar dos bambus fosse uma ameaça real, apesar de (neste caso) ser um "alarme falso" — um falso-positivo.

TENDÊNCIAS FALSO-POSITIVAS

Na natureza, como no parque em Zurique, a consequência de uma avaliação falso-positiva é bem pequena. Realmente, nada foi perdido, a não ser algumas poucas calorias quando confundimos as crianças travessas com um tigre mítico no parque Mythenquai. Por outro lado, os falso-negativos — agir como se não houvesse perigo quando, na verdade, há — podem ser fatais e são insustentáveis em termos evolutivos. Se ignorarmos o farfalhar de arbustos, talvez nos tornemos presas fáceis para uma onça-parda ou para um urso faminto que nos observa. Portanto, é melhor que qualquer incerteza ou ambiguidade seja vivida como uma ameaça (ou seja, temos uma forte tendência inata aos falsos-positivos) e que, depois do susto inicial, seja identificada de modo correto como segura; nada se ganha, nada se perde. Assim, quando descobrimos que, em vez de um predador à espreita, a fonte do barulho assustador eram crianças brincando ou um bando de pássaros alçando voo, do ponto de vista evolutivo ainda é melhor ter considerado automaticamente que se tratava de uma ameaça mortal. Em outras palavras, sempre conceda o benefício da dúvida ao pior cenário.* Nossas emoções abruptas e crescentes de susto e medo nos instruem a ficar atentos de imediato.

No entanto, quando essas emoções intensas e as respostas motoras concomitantes (memórias procedurais) são crônicas, as próprias emoções que deveriam nos servir, guiar, proteger e defender se tornam vorazes e se voltam contra nós — contra o eu. Nesse ponto, é fundamental entender como trabalhar com essas emoções inadequadas e com os engramas procedurais. A "renegociação" possibilita solucionar essas memórias traumáticas por meio da liberação suave das emoções crônicas e da reestruturação criativa das respostas disfuncionais. Isso nos permite retornar à capacidade de equilíbrio e bem-estar anterior ao trauma.

RENEGOCIAÇÃO

A renegociação não consiste apenas em reviver a experiência traumática. Ao contrário, trata-se de *revisitar*, de modo dosado e gradual, os vários elementos sensório-motores que compõem determinado engrama de trauma. A renegociação ocorre sobretudo ao acessar

---

* Todo meditador iniciante observa essa tendência inata ao tentar desviar as preocupações obsessivas e os pensamentos negativos e aquietar a voraz "mente tagarela", com a condução de um professor compassivo e experiente. É a nossa tendência evolutiva ao falso-positivo que pode interferir na capacidade de meditar, já que ela tende a conduzir a mente ao medo e à preocupação.

memórias procedurais associadas aos dois estados desregulados do sistema nervoso autônomo (SNA) — hiperestimulação/sobrecarga ou hipoestimulação/desligamento — e então restaurar e completar as respostas ativas associadas a essas memórias. Conforme esse processo avança, o cliente se move de uma hipo ou hiperestimulação ao equilíbrio, ao estado de alerta relaxado e a uma orientação para o aqui e agora (ver figuras 4.2, a seguir, e 4.3 na p. 73). Em essência, a renegociação como um processo terapêutico reverte a sequência de ações biológicas à ameaça. Por fim, para completar o processo terapêutico, as memórias procedurais renegociadas se conectam às memórias episódicas e narrativas recalibradas.

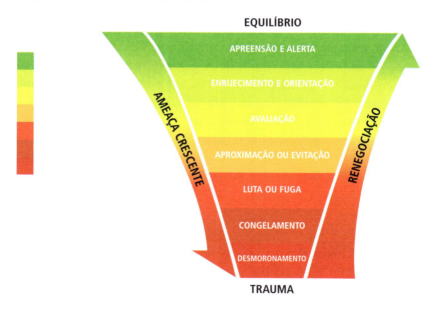

Figura 4.2 — Níveis crescentes de ameaça (lado esquerdo) levam a estados traumáticos. Nós "renegociamos" a ameaça (lado direito) ascendendo do trauma em direção ao estado de alerta, orientação e equilíbrio.

Recapitulando, o estímulo emocional em resposta à ameaça existe num *continuum*, mas com amplificações abruptas em certos pontos desse espectro. Essas emoções são sinais que convocam programas inatos (preparados) de ação motora. Esse *continuum* começa com um estímulo ameno (curiosidade) em resposta a uma novidade no ambiente e se move de modo suave pelo prazer/desprazer até sofrer uma alteração abrupta para medo, ira, terror e horror. A sequência dos padrões motores convocados e das suas respectivas emoções é a seguinte:

1. Apreensão e alerta — associados à curiosidade.
2. Enrijecimento e orientação — associados a atenção focada, interesse e prontidão.
3. Avaliação — associada a interesse intenso, simpatia ou repulsa. Essa avaliação é alimentada pelos nossos bancos de memória genética e pelas nossas histórias pessoais.
4. Aproximação ou evitação — associadas a prazer e desprazer.
Nos estados mais intensos de ativação, há uma alteração abrupta para as emoções irrefreáveis de medo, raiva, terror e horror que irrompem em ação total, imobilização ou colapso:
5. Luta ou fuga — experimentado como medo. Quando essas respostas ativas são frustradas, nós passamos às fases de:
6. Congelamento (ficamos paralisados, "petrificados de medo") — reação associada ao terror.
7. "Desmoronamento" e colapso — reação associada ao horror da impotência/desesperança.

Durante o nosso "encontro na selva", no parque Mythenquai, Laura e eu passamos pelas três primeiras fases da sequência acima. Assim que a fonte da possível ameaça foi identificada e avaliada como não ameaçadora, nossa resposta foi de alegria. É possível notar que quando a experiência da provável ameaça é mínima, essas fases iniciais se revertem de modo natural e imediato, e o organismo (neste caso, o de Laura e o meu) retorna a um estado de alerta relaxado. No entanto, quando essas fases iniciais de resposta à ameaça potencial não são o bastante para desarmar o alarme, o chamado para a ação escala abruptamente. De fato, se o farfalhar da moita de bambu tivesse revelado um predador nos observando, nosso estado emocional teria se intensificado de modo dramático e mobilizado todas as nossas respostas de ação numa sequência de sobrevivência, vida ou morte, ordenada pela biologia (fases 5, 6 e 7).

Em geral, as emoções baseadas na emergência, nas fases 5, 6 e 7, dão início a uma sequência de programas motores procedurais que se intensificam: começa com a sensação de perigo no lutar ou fugir, passa pelo medo agudo ao paralisar e, por fim, chega ao terror impotente até a última reação padrão (de sobrevivência), de colapso e desligamento. Essas respostas procedurais inatas têm traços distintos no sistema nervoso autônomo (SNA). A fase 5, lutar ou fugir, é apoiada pelo sistema simpático-adrenal, que nos mobiliza para a emergência. Se a ameaça não se dissipa ou se as nossas ações defensivas/protetoras se frustram, passamos à fase 6, o congelamento. Segue-se uma intensificação da já então ativada estimulação simpática-adrenal, que nos alavanca simultaneamente para um hiperimpulso e uma imobilidade; ficamos "petrificados de medo". Quando o nível de ameaça é percebido como inescapável ou mortal, progredimos para a fase 7, o "desmoronamento", um estado profundo de desesperança e impotência. O corpo e o espírito colapsam enquanto nossos processos metabólicos (incluindo digestão, respiração, circulação e produção de energia) se desligam. Esse estado de desligamento é mediado pela chamada ramificação primitiva (não mielinizada) do sistema nervoso parassimpático, através do nervo vago (décimo par craniano).[15] Nesse estado, com o acelerador e o freio ativados ao máximo, as dinâmicas autonômicas atingem um ponto em que podemos ir e voltar quase de imediato entre o domínio simpático e parassimpático (hiper e hipoestimulação); ver figura 4.3, na página seguinte.[16] Quando as pessoas ficam "presas" nessa fase instável e paroxística, elas permanecem no reino infernal do trauma, paralisadas pelo terror, enquanto experimentam rompantes de raiva cega, embora destituída da energia sustentada para agir.

Para renegociar um trauma, a sequência orientada para a defesa deve ser revertida, primeiro concluindo as memórias procedurais relevantes das fases 5, 6 e 7. Isso é feito na medida em que solucio-

TRAUMA E MEMÓRIA

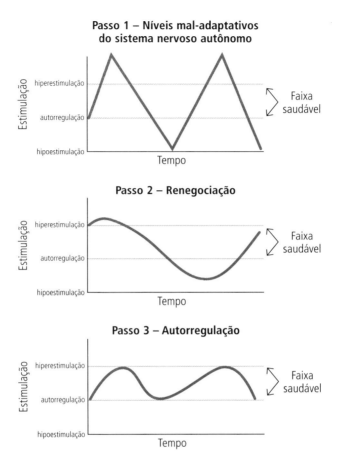

Figura 4.3 – Intervalo de autorregulação. Os gráficos acima mostram a renegociação dos estados de hiperestimulação (sobrecarga) e hipoestimulação (desligamento) ao restabelecer a faixa de autorregulação e restaurar o equilíbrio dinâmico.

namos esses estados de extrema ativação e restauramos uma resposta mais ativa onde houve desligamentos. Ao fazer isso, percorremos toda a sequência de trás para frente: de 7 para 6, para 5, para 4, para 3, para 2, para 1.* Nessa renegociação sequencial, o indivíduo retorna

---

* Note que essa sequência não é nem um pouco linear e, muitas vezes, são necessários vários passos para renegociar um trauma.

à orientação do aqui e agora com uma regulação mais profunda e um equilíbrio interno. Essa completude fica evidente com uma restauração do SNA na sua faixa de equilíbrio dinâmico e alerta relaxado (ver figura 4.2., na p. 70).

SICAS

Em termos terapêuticos, a renegociação e a transformação são esclarecidas e guiadas por um mapa da experiência interna da pessoa. O modelo SICAS incorpora os aspectos neurofisiológicos, somáticos, sensoriais, comportamentais e afetivos da experiência de um indivíduo, seja traumática ou vitoriosa. Num estado não traumatizado, os elementos do SICAS* (sensação, imagem, comportamento, afetos e significado) formam uma resposta fluida, contínua e coerente, compatível com a situação presente. No entanto, onde há um trauma não resolvido, esses elementos estão ou muito interconectados (sobreacoplados) ou dissociados e fragmentados (subacoplados). O conceito de SICAS e sua utilização na renegociação do trauma são detalhados no capítulo 7 do meu livro *In an unspoken voice* [*Uma voz sem palavras*].[17]

Sensação

São as sensações físicas interoceptivas que emergem do corpo, incluindo (do mais consciente ao menos consciente):

- cinestésica — padrões de tensão muscular;
- proprioceptiva — consciência da nossa posição no espaço;
- vestibular — aceleração e desaceleração;
- visceral — sensações das vísceras (intestinos, coração e pulmões) e dos vasos sanguíneos.

Imagem

A imagem refere-se às impressões sensoriais externas, que incluem visão, paladar, olfato, audição e tato.

---

* No original, *sensation, image, behavior, affect* e *meaning* formam a sigla SIBAM. [N. T.]

Comportamento
O comportamento é o único canal que o terapeuta é capaz de observar diretamente. Ele consegue inferir os estados internos de um cliente pela linguagem corporal, que inclui:

- gestos voluntários;
- expressões emocionais/faciais;
- posturas (as plataformas das quais se iniciam movimentos intrínsecos; em geral, referem-se à coluna vertebral);
- sinais autonômicos (incluem os sistemas cardiovascular e respiratório; a carótida do cliente pode indicar a pulsação);
- comportamento visceral (alterações digestivas podem ser observadas por meio de mudanças nos sons do intestino);
- comportamentos arquetípicos (incluem gestos involuntários ou mudanças de postura que transmitem um significado universal).

Afeto
O afeto refere-se às emoções categóricas de medo, raiva, tristeza, alegria e repulsa, e também aos contornos dos sentimentos. Os contornos são os sentimentos matizados e baseados nas sensações (*felt sense*) de atração e evitação, de "bondade" e "maldade", que nos guiam na vida; são os lemes e as referências que nos orientam ao longo do dia.

Significado
Significados são os rótulos que atribuímos à totalidade da experiência dos elementos combinados de S, I, C e A. Incluem as crenças fixas baseadas no trauma. O terapeuta ajuda o cliente a acessar livremente o espectro completo das sensações e dos sentimentos que se apresentam para criar novos significados, permitindo que as velhas crenças cognitivas de "maldade" se transformem, como parte do processo de renegociação.

Usando o SICAS: um estudo de caso
O relato a seguir é um exemplo simples da utilização do SICAS para lidar com o gatilho de uma cliente em relação a um trauma de

proporção pequena. Louise ama a natureza, parques, prados e colinas gramadas, mas o cheiro de grama recém-cortada a faz sentir náusea, tontura e ansiedade. Sua crença fixa (S_2 — significado) é a de que é alérgica à grama e que deve evitá-la. As imagens (I) olfativa e visual — o cheiro e a visão da grama aparada — se associam ou se (sobre)acoplam às sensações de náusea e tontura (S_1 — sensação) provenientes dos seus sistemas visceral e vestibular. Ela não tem a menor ideia de por que isso acontece; só sabe que tem uma forte repulsa (S_2) à grama recém-cortada. Conforme Louise explora suas sensações e imagens, "vendo e cheirando" mentalmente a grama cortada, ela se dedica a explorar em detalhes suas sensações corporais. Ao fazer isso, tem uma nova sensação emergente de rodopiar no ar enquanto é agarrada pelo pulso e tornozelo esquerdos. A experiência é vestibular (S_1) e também de uma sensação de pressão no pulso e no tornozelo (I). Em seguida, ela tem uma imagem visual e tátil do irmão valentão segurando os seus pulsos com força e a rodopiando de modo desagradável e assustador sobre o gramado (recém-cortado) da sua casa de infância, quando tinha 4 ou 5 anos. Louise experimenta seu corpo se contraindo como uma bola para interromper a sequência do rodopio (S_1). Enquanto convoca essa resposta defensiva ativa, ela tem outro impulso (S_1), de enterrar as unhas da mão direita na palma da mão. Ela sente a força nas mãos, nos braços e no peito (S_1) quando se imagina fazendo isso.

Louise sente um medo momentâneo (A) enquanto treme e respira, mas este desaparece quando ela percebe que está fora de perigo. Ela abre os olhos e se orienta (C) olhando o consultório colorido à sua volta. Depois gira a cabeça um pouco mais e, com um sorriso tranquilo (C), olha para o rosto receptivo do terapeuta. Ao se sentir ilesa com a segurança recém-descoberta, ela se acalma. Em seguida, experimenta uma respiração profunda e espontânea (C) e diz que agora se sente segura na barriga (S_1), uma nova consciência visceral. Depois de uma pausa, nota uma tensão persistente no pulso (S_1) e registra um impulso de tentar soltar as mãos (S_1 cinestésica). Ao sentir uma onda de raiva (A) se formando dentro de si, ela grita "Para!", usando os músculos motores das suas cordas vocais (C). Louise se ajeita mais uma vez e sente o prazer tátil de se deitar na grama suave e recém--cortada, sentindo o calor do sol de verão (I). A grama fresca já não se sobreacopla às sensações desagradáveis (velho S_2); a grama verde e recém-aparada é agradável, os parques são lugares maravilhosos e "tudo está bem" (novo S_2 e narrativa coerente).

Assim que nós compreendemos o processo de renegociação e mobilizamos o seu poder transformador, a biologia trabalha para dar continuidade à experiência. De modo natural, quando as respostas corporais do cliente são elaboradas e se tornam conscientes na segurança do momento, as memórias procedurais frustradas chegam a uma experiência corretiva intrínseca e existe uma resolução.

Trabalhar a renegociação em fases sequenciais, conforme observamos na sessão com Louise, fortalece de modo contínuo a *função do observador crítico*. Trata-se da capacidade de permanecer presente e rastrear as várias sensações, emoções e imagens — encontrá-las sem se sentir oprimido. Essa função, por sua vez, facilita a reconciliação com as amálgamas da memória.

Com esse entendimento básico da renegociação, no próximo capítulo estudaremos a transformação do trauma e o rito de passagem de Pedro, sua jornada heroica pessoal, conforme ele vai dominando suas lembranças de impotência e permitindo que elas evoluam da memória procedural/emocional à narrativa episódica.

5. UMA JORNADA HEROICA

Os sentimentos primordiais proporcionam uma experiência direta do próprio corpo vivo, sem palavras, sem adornos e conectada à pura existência. Esses sentimentos primordiais refletem o estado atual do corpo em diversas dimensões [...] numa escala que vai do prazer à dor e se originam no tronco cerebral e não no córtex cerebral. Todas as sensações emocionais são variações musicais complexas dos sentimentos primordiais.
António Damásio, O mistério da consciência

A transformação das memórias procedurais, da imobilidade e impotência à hiperativação e mobilização, e enfim à vitória e maestria, é uma trajetória que observei de modo consistente na maioria dos milhares de indivíduos traumatizados com quem trabalhei nos últimos 45 anos. Pedro é um exemplo desse despertar primordial.

PEDRO
Pedro é um adolescente de 15 anos que tem síndrome de Tourette, claustrofobia severa e ataques de pânico, assim como sintomas intermitentes semelhantes à asma. Ele chegou a uma das minhas consultas de casos com a mãe, Carla, num trabalho que realizei no Brasil. Era óbvio o desconforto dele com a ideia de conversar com um terapeuta, em especial num grupo. No entanto, o desejo de aliviar o constrangimento e a vergonha dos "tiques" e ataques de pânico o ajudaram a superar a relutância de participar da sessão. Os tiques envolviam espasmos

mioclônicos e convulsões nos músculos do pescoço e do rosto, causando movimentos laterais abruptos da mandíbula e giros repetitivos da cabeça para a direita. Pelo relato da mãe, eu soube que na infância Pedro sofreu quedas sérias e significativas envolvendo repetidos choques na cabeça. A seguir, um relato breve desses incidentes.

Aos 7 meses, Pedro caiu do berço e bateu o rosto no chão. A babá ignorou o som abafado dos gritos apavorados do bebê, assegurando à mãe que não havia nada de errado com ele. Apesar de ainda não engatinhar, Pedro conseguiu se arrastar até a porta fechada do quarto. Quinze ou vinte minutos depois, rendendo-se à preocupação persistente que sentia, a mãe tentou abrir a porta e encontrou o filho encolhido contra ela, colapsado e chorando de modo comovente. Segundo Carla, ele teve um grande hematoma decorrente da queda. Ela contou que pegou o filho do chão em pânico e repreendeu a babá com ofensas. É provável que essa reação compreensível tenha assustado ainda mais a criança e levado a mãe a negligenciar a necessidade imediata do filho de um consolo gentil e sereno.

Aos 3 anos, Pedro sofreu outra queda, depois de subir numa escada que o irmão mais velho deixara aberta por descuido. A escada cedeu quando Pedro pisou no terceiro degrau, jogando-o de costas no chão. O impacto do acidente para a criança foi duplo: a parte posterior de sua cabeça bateu no chão e a escada pesada atingiu o seu rosto.

Por fim, aos 8 anos, Pedro caiu de novo — dessa vez, de um carro que se movia a mais ou menos 40 quilômetros por hora. Ele sofreu outro ferimento na cabeça, além de profundas escoriações nos ombros. Devido à gravidade da queda, ficou internado durante uma semana, isolado na UTI nos três primeiros dias. Os tiques surgiram dois meses depois dessa terceira queda.

Quando iniciamos a sessão, ficou claro para mim que Pedro estava desconfortável e inquieto no grupo e olhava de modo furtivo pela sala. Notei que ele cerrava o pulso de maneira intermitente e chamei a atenção dele para aquele gesto. Perguntei se ele podia sentir as sensações do movimento "colocando a atenção no pulso". Essas palavras o ajudaram a aprender a discernir entre *pensar sobre* a mão e de fato *observá-la como sensação física.* Tal alteração de perspectiva pode ser bastante fugaz a princípio, mas costuma emergir de repente como uma "minirrevelação." Essa nova condição traz consigo um entusiasmo, como o de aprender um novo idioma e ser capaz de se comunicar com os locais pela primeira vez; aqui, no entanto, a língua estrangeira era a paisagem interoceptiva (interior) do corpo, e o residente local era o âmago primal, ou o *self* "autêntico".

Observei certa curiosidade em Pedro e pedi que ele fechasse a mão bem devagar e então a abrisse aos poucos enquanto direcionava a percepção (sensível) para aquele movimento contínuo.* "E agora, Pedro", perguntei, "qual é a sensação quando ela está cerrada e quando se abre *beeeeeem* devagar?"

"Hummm, o punho parece forte, como se eu pudesse me defender."

"Isso é ótimo, Pedro; e agora, como você a sente quando ela vai se abrindo?"

A princípio, Pedro ficou aturdido com a minha pergunta, mas em seguida sorriu. "Parece que eu quero receber alguma coisa [...] algo que *eu* quero. Parece que eu quero de verdade superar os ataques de pânico para ir à Disney."

"E como você sente esse *querer* agora?", perguntei.

Depois de uma pausa, ele respondeu: "É engraçado, parece que o pulso tem a força de que eu preciso para superar os problemas. E quando a mão se abre, parece que eu posso usar essa força para alcançar, para pegar o que eu quero para mim".

Eu perguntei: "Tem algum outro local no seu corpo onde você sente algo parecido com essa força ou com esse alcance?"

"Bem", ele respondeu depois de uma pausa, "também consigo sentir algo parecido no peito [...] está quente aqui e é como se houvesse mais espaço para respirar."

---

* A ênfase nesse movimento interno lento, deliberado e atento contrasta, muitas vezes, com terapias expressivas como o psicodrama ou a Gestalt-terapia. Essas terapias tendem a acentuar movimentos externos brutos em vez de movimentos internos e sentidos. Esses movimentos internos são involuntários e empregam diferentes sistemas cerebrais, incluindo o tronco cerebral, o cerebelo e os sistemas extrapiramidais.

"Você pode me mostrar com a mão onde sente isso?", pedi. Pedro fez um movimento circular lento. Enquanto prosseguia, notei que o círculo aumentava pouco a pouco num movimento espiralado para fora. "Então, Pedro, você sente o calor se espalhando?"

"Sim", ele respondeu, "é quente como o sol".

"E qual é a cor?"

"É amarelo, como o sol [...] Ah, uau! Agora, quando eu sinto a mão se abrir, o calor se espalha para as pontas dos dedos e eles começam a formigar."

"Isso é ótimo, Pedro! Acho que agora você está pronto para encarar o problema."

"Sim", ele respondeu, "eu sei disso".

"E como você sabe?", indaguei, inclinando a cabeça de modo interrogativo.

Ele deu uma risadinha. "Ah, isso é fácil. Eu sinto isso no meu corpo."

"Ótimo!", respondi de modo encorajador. "Então, vamos continuar."

Vemos na figura 5.1, na página seguinte, que é o nosso estado somático presente (o "aqui e agora") que determina a relação e a base para a renegociação de uma memória procedural traumática. Esse trabalho de consciência inicial que eu concluíra com o Pedro se tornou a fundação corporificada para uma investigação mais profunda. O resultado de toda a sessão germinou primeiro nessa exploração interna inicial, no aqui e agora. Trazer a atenção do Pedro para o pulso talvez pareça trivial; no entanto, foi a sensação desse *movimento interno sutil*, a consciência crescente de como esse movimento foi de fato sentido dentro dele, que preparou o terreno para o restante da sessão. Esse novo conjunto de recursos apoiados nas sensações somáticas deu a Pedro a segurança necessária para processar as memórias procedurais desafiadoras e, no final, apoiar a sua transformação. Nunca é demais reafirmar que o *felt sense* (a sensopercepção) do corpo permite o acesso fisiológico às memórias procedurais. Essas são as memórias implícitas cruciais que as abordagens cognitivas não mobilizam e que as abordagens catárticas muitas vezes anulam e oprimem.

Estado presente de medo codificado, interoceptivamente, como marcadores somáticos*

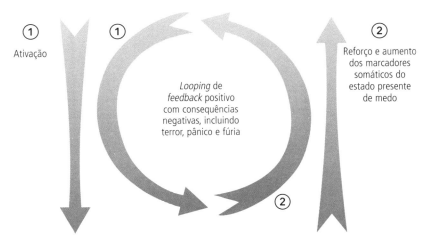

Engramas de memórias com marcadores somáticos similares

*Inclui: tensão muscular, constrição, vibração, tremor, fraqueza, frequência cardíaca aumentada (ou diminuída), pressão sanguínea elevada (palpitações), pressão sanguínea baixa (tontura), desmaio ou vertigem, frio e sudorese nas mãos, hiporrespiração (respiração curta) ou hiperrespiração (hiperventilação).

Figura 5.1: Marcadores somáticos. O gráfico acima ilustra como nosso estado interoceptivo presente se conecta com memórias emocionais e procedurais, exibindo estados semelhantes aos do evento rememorado. Nossa resposta atual, física/fisiológica e emocional, guia de modo inconsciente os tipos de memórias e associações que serão relembradas; estados presentes de medo evocam memórias baseadas no medo, que, por sua vez, reforçam o estado de agitação presente. Isso pode resultar em um *looping* de *feedback* positivo ("desgovernado"), que aumenta o estresse e potencializa a retraumatização.

Um conceito fundamental na Somatic Experiencing® é a *pendulação*, usada para solucionar memórias traumáticas implícitas. A pendulação, um termo que eu cunhei, refere-se ao *ritmo organísmico contínuo e primário de contração e expansão*. Indivíduos traumatizados estão presos à contração crônica; nesse estado de rigidez, parece que nada vai mudar para eles. Essa fixação sem saída deixa o indivíduo traumatizado preso a uma armadilha, com sentimentos de desamparo, desesperança e desespero extremos. Na verdade, as sensações de contração parecem tão terríveis e infindáveis, sem nenhum alívio aparente à vista, que os indivíduos fazem quase qualquer coisa para não sentir o corpo. O corpo torna-se o inimigo. Essas sensações são percebidas como o temido prenúncio da reafirmação do trauma. No entanto, é essa evitação que mantém as pessoas petrificadas, "presas" nos seus traumas. Com uma condução gentil, elas descobrem que quando essas sensações são "tocadas internamente", só por alguns instantes, elas podem sobreviver à experiência — aprendem que não serão aniquiladas. Embora sair do entorpecimento e do fechamento às vezes pareça muito perturbador a princípio, com um apoio gentil, mas firme, as pessoas podem deixar de lado a resistência e se abrir a uma curiosidade exploratória. Desse modo, ao contatar essas sensações a cada momento e pouco a pouco, a contração abre-se à expansão e retorna à contração com naturalidade. No entanto, dessa vez a contração é menos apertada, menos ameaçadora, levando a outra experiência espontânea de expansão serena. A cada ciclo — contração, expansão, contração, expansão —, as pessoas passam a experimentar uma sensação interna de *fluxo* e um sentimento crescente de permissão e relaxamento. Com essa sensação de movimento, liberdade e fluxo internos, elas pouco a pouco vão se libertando do terrível e opressivo "arrastão" do trauma.

Outra pedra angular nessa exploração terapêutica inicial é contatar tanto a força interna quanto a capacidade aliada para o que chamo de *agressão saudável*.* Para Pedro, esse contato inicial ocorreu quando ele percebeu a força sentida nos pulsos e a abertura nas mãos. Juntas, elas constituíram a nova experiência de agressão saudável: a capacidade de enfrentar a si mesmo, de mobilizar e direcionar o seu poder para obter o que precisa e, portanto, de se abrir a novas possibilidades. Com essa base sólida e confiável, Pedro agora estava equipado para

---

* A palavra "agressão" deriva do verbo "aggredi" em latim, que pode significar "aproximar", "ter um objetivo", "agarrar uma oportunidade" ou "desejar", entre outros.

confrontar os dragões que "sugavam" a sua vivacidade e o seu avanço na vida. O que aconteceu depois?

Eu envolvi Pedro numa série de exercícios, com movimentos vagarosos, repetidos, *titulados* e graduais, de abrir a boca pouco a pouco, até o ponto de resistência, e então fechá-la com suavidade.[18] Esses exercícios replicaram a exploração anterior de contração e expansão e interromperam a compulsiva sequência "sobreacoplada" de contrações neuromusculares na cabeça, no pescoço e na mandíbula. Um intervalo entre essas séries de abertura e fechamento permitia a estabilização e abrandava a sua agitação. Conforme prosseguiu com esses esforços graduais, Pedro experimentou alguns estremecimentos abruptos no pescoço e nos ombros e um tremor mais suave (uma "descarga") nas pernas durante a fase de descanso.[19] Ele também relatou um calor desconfortável e um ardor intenso nos ombros. Essa "memória corporal", como sua mãe observou mais tarde, se localizava nas escoriações consideráveis resultantes da terceira queda na infância. Depois de vários ciclos de micromovimentos/descarga/repouso, os tiques de Pedro diminuíram de modo significativo e ele estava nitidamente mais presente e disponível para interagir comigo como seu "guia" e com as pessoas na sala como aliadas.

Conforme os tiques diminuíam, Pedro relatou que se sentia bem mais à vontade. Então perguntei o que mais *ele* queria da nossa sessão. Ele esperava de verdade se livrar dos medos claustrofóbicos para viajar com a família à Disney nas férias. Contou-me que já tivera um ataque de pânico num avião abafado e lotado que, devido a um atraso, ficou mais de 30 minutos no portão de embarque com as portas fechadas. Perguntei o que ele notou ao pensar que estava no avião.

"Assustado", murmurou.

"E como você sente isso no seu corpo?"

"Como se eu não conseguisse respirar [...] como se tivesse uma faixa em volta do meu peito [...] realmente não consigo respirar."

Coloquei meu pé próximo ao dele, depois de perguntar se ele estava de acordo.

"Sim, isso me ajuda a não ficar aéreo", respondeu.

Com esse "aterramento" adicional, perguntei a Pedro se a tensão no peito estava mais forte ou mais amena, se continuava igual ou se havia mudado. Esse tipo de pergunta aberta convocou uma postura de curiosidade da parte dele. Ele pausou por alguns instantes e então falou: "Com certeza está melhorando; parece que posso respirar".

"Você notou mais alguma coisa?", perguntei.

"Sim", respondeu, "sinto de novo um calor no peito […] e começa a se espalhar pelo rosto".*

E acrescentou: "Sim, agora está se espalhando, se movendo para o restante do corpo […] é muito bom, como um formigamento morno e um tremor suave […] um tremor interno […] é bem engraçado […] é como se o pânico tivesse ido embora, sumido […] como se tivesse desaparecido, de verdade!"

Perguntei a Pedro se ele conseguia se lembrar de outra experiência recente que envolvia o pânico claustrofóbico. Ele descreveu uma situação de um ano antes quando brincava numa piscina com uma bola enorme, na qual era possível entrar por uma abertura com zíper. Assim que a pessoa entrava na bola, era possível fechá-la por dentro. O passageiro podia girá-la na superfície da água ao jogar o peso do corpo de um lado para outro. A bola deveria proporcionar diversão e emoção. Mas Pedro não estava se divertindo. Ao contrário, o interior fechado o sufocava, e ele caiu para trás. Isso recriou a terrível experiência interoceptiva das quedas anteriores e também o pânico sufocante de estar preso no avião. Pedro entrou em pânico quando não conseguiu abrir a bola. Embora não conseguisse gritar devido à respiração hiperventilada, os gemidos abafados, mais uma vez, alertaram sua mãe. Ao abrir a bola por fora e libertar o filho daquele sufoco, ela sentiu uma angústia parecida com aquela causada pelos gemidos abafados do bebê machucado de 7 meses. Ao sair daquele casulo opressivo, Pedro viu de novo o rosto assustado da mãe. A expressão apavorada dela o amedrontou mais uma vez, intensificando o sentimento de medo e derrota.

---

* Isso correspondia de modo visível a uma vasodilatação suave na garganta e no rosto dele, observada na tonalidade "brilhante" da pele.

Quando Pedro terminou de relatar esse episódio de pânico mais recente, notei que ele desabara na cadeira. Era como se os ombros estivessem curvados para frente e a parte central de sua coluna caísse sobre o diafragma. Essa postura encurvada espelhava a vergonha e o desespero abjetos e a passividade avassaladora do resgate — como adolescente e como bebê. Reconhecendo um momento oportuno para ajudar Pedro a experimentar alguma ação no corpo, levei a sua atenção para o pulso que ele, mais uma vez, abria e fechava de modo subconsciente. "Hummm, posso sentir alguma força aqui; está voltando. Isso me lembra do início da sessão." Eu então o guiei para perceber a sua postura e para se curvar ainda mais para frente com cuidado. Esse desmoronar encontrou um repouso, e então houve um movimento espontâneo e gradual de retorno para cima. Eu o encorajei a simplesmente notar a experiência sentida conforme a coluna se alongava e a cabeça se erguia. Esse encontro consciente transmitiu uma sensação inesperada de orgulho, ou mesmo de vitória, que ele reconheceu com as seguintes palavras: "Uau, eu me sinto muito melhor, como se pudesse sustentar a cabeça e olhar para frente; isso me deixa mais confiante".

Aproveitando o entusiasmo dele, perguntei a Pedro se ele estaria disposto a revisitar o momento de derrota mais recente. Ele concordou. Sugeri que se imaginasse dentro da bola. Ele parecia pronto para se engajar nessa desafiadora visualização somática. Descreveu a entrada na bola, o fechamento do zíper e a perda do equilíbrio quando começou a cair para trás. Conforme relembrava essa série de eventos, sua imaginação corporificada o levou a experimentar a vertigem mais uma vez. Essa tontura acionou a fase inicial de uma reação de pânico, incluindo o aperto no peito e a hiperventilação. Isso, por sua vez, amplificou suas sensações apavorantes de sufocamento. No entanto, ele agora foi capaz de vivenciá-las *sem se sentir sobrecarregado*. Eu o guiei para que mais uma vez prestasse atenção às sensações específicas de constrição no peito. Aos poucos, sua respiração se estabilizou e ele teve várias respirações espontâneas, lentas e sem esforço, com expirações completas.

Então exploramos a sensação de cair para trás. Apoiei com suavidade a parte superior das costas e da cabeça com as mãos, encorajando-o a se entregar e a se soltar nas sensações de cair. De imediato ele reportou que "precisava sair dali!"

Com muita calma, indaguei: "E como você pode fazer isso?"

Ao que ele replicou: "Parece que estou saindo do corpo".

"Tudo bem", respondi, "vamos ver para onde você vai".

Ele reconheceu que estava com medo de se entregar a "esse sentimento estranho de flutuar". Fazendo uma pausa para tranquilizá-lo, eu o encorajei de modo gentil a notar as sensações de flutuar e perguntei para onde ele poderia ir. Quando esse tipo de dissociação ocorre, é importante não fazer perguntas com base na linguagem corporal, mas aceitar e acompanhar a experiência dissociativa. Pedro hesitou e então disse: "Para cima, para cima e para fora da bola".

"Bem, talvez esse seja um bom lugar para estar", sugeri.

Ele descreveu que olhava para a bola lá do alto e também que sabia que estava dentro dela.

"Tudo bem, o que você gostaria de fazer lá de cima?", indaguei.

"Gostaria de descer e abrir o zíper", ele respondeu. Mesmo estando em parte dissociado, Pedro foi capaz de visualizar e executar na imaginação essa estratégia de *fuga ativa* (motora). Antes, ele precisou contar com a mãe para resgatá-lo — uma experiência nada empoderadora, ainda mais para um adolescente. Essa "renegociação" causou uma redução ainda maior dos tiques.

Pedro então se lembrou de uma experiência parecida. Contou-me que quando tinha 5 anos a porta do seu quarto emperrou e não abria mais. Ele se lembrava de tê-la puxado com força, sem sucesso. Recordou que isso precipitou uma reação terrível de pânico, como a que ocorrera no avião. Como observadores terapêuticos, podemos ver como isso foi uma *reatuação*, um eco da sua primeira experiência de estar ferido, desamparado e sozinho aos 7 meses de idade. Cair do berço, ser incapaz de chegar até a mãe e então ficar sozinho por 20 minutos (uma eternidade para um bebê) o marcaram com essa duradoura e abrasadora impressão procedural e emocional.

Portanto, é muito provável que, aos 5 anos, a "reação exagerada" de pânico à porta emperrada do quarto se deva à queda anterior (aos 7 meses) e os ferimentos graves, o desamparo extremo e os esforços frustrados de receber atenção oportuna que dela decorreram. No entanto, com o sucesso da imagem corporificada de sair da bola e com uma determinação relaxada na mandíbula — a partir do exercício de percepção consciente —, tive a sensação de que ele completaria a fuga do quarto de um modo que ainda não conseguira até então. Senti que ele perseveraria e não seria derrotado dessa vez.

Pedi a Pedro que continuasse a imaginar que puxava a maçaneta da porta e o incitei a sentir todo o corpo conforme se engajava naquele esforço assertivo. Quando o indaguei sobre o esboço de um sorriso, ele descreveu com ousadia como puxou, puxou e chutou, até derrubar a porta. Então sorriu com vontade; e eu perguntei onde ele sentia aquele sorriso escancarado do gato de Cheshire.* "Ah, posso sentir nos olhos, nos braços, no peito, nos ombros, nas pernas e até aqui", disse, apontando para a barriga. "Na verdade, no corpo todo. Sinto-me super forte e poderoso, como um super-herói [...] o meu corpo pode me proteger", acrescentou vitorioso.

Como muitos pais, a mãe de Pedro relatou que se preocupava com o uso excessivo que o filho adolescente fazia do computador e da internet; de fato, parecia que o uso era extremo e compulsivo. Dois dias depois da nossa sessão, ela contou que Pedro lhe pediu que comprasse materiais de arte. Quando era criança, ele gostava de desenhar, mas depois que os seus sintomas pioraram, envolvendo o rosto, a cabeça e o pescoço, ele perdeu o interesse pela arte e ficava grudado no computador. Essa compulsão parecia piorar os sintomas. Ela estava muito satisfeita com o recente desenvolvimento artístico do filho. E, para a sua surpresa, ele tomou a ousada iniciativa de entrar

---

* O Gato de Cheshire, Gato Risonho, Gato Listrado ou Gato Que Ri é um gato fictício do livro *Alice no País das Maravilhas*, de Lewis Carroll. O personagem é conhecido pelo sorriso pronunciado. [N. T.]

para as aulas de canto na escola. Lá, ele conseguia sentir a poderosa conexão entre a mandíbula e o diafragma. Pedro também confessou à mãe seus novos planos para os estudos: queria trabalhar com pesquisa no campo da psicologia em vez da escolha anterior, a engenharia. Ele ficou fascinado com o que acontecia no próprio cérebro e estava ansioso para fazer o exame de neuroimagem, adiado por anos devido à gravidade da sua claustrofobia. Pedro agora expressava a sua empolgação ao planejar a viagem da família à Disney. A apreensão quanto à longa viagem de avião parecia ter desaparecido. Essa era, com certeza, uma mudança multidimensional de perspectiva sobre o futuro — um futuro bem diferente do passado. A seguir, resumiremos os passos da renegociação que levaram Pedro às lembranças novas e atualizadas e como elas o capacitaram a deixar o passado para trás e seguir adiante, empoderado e autônomo.

Resumindo, os passos básicos na renegociação de uma memória traumática envolvem os seguintes processos:

1. Ajudar a criar uma experiência de relativa calma, presença, poder e aterramento no aqui e agora. Nesse estado, o cliente aprende como visitar as sensações corporais positivas e também as difíceis, baseadas no trauma.
2. Ao se apoiar nessa experiência corporificada de calma, o cliente é, aos poucos, direcionado para alternar entre as sensações positivas e estáveis e as mais difíceis.
3. Por meio desse rastreamento sensorial, a memória procedural traumática emerge na sua forma traumática, truncada (frustrada). O terapeuta continua a verificar se o cliente não está num estado superativado (ou subativado). Se for o caso, deve retornar aos dois primeiros passos.
4. Depois de acessar a forma truncada da memória procedural e de reconhecer a "fotografia instantânea" da resposta fracassada (incompleta), o terapeuta continua a incentivar a exploração sensorial e o desenvolvimento dessa ação protetora até a conclusão pretendida e significativa.

5. Isso leva a uma redefinição do sistema regulador central, restaurando o equilíbrio e o estado de alerta relaxado[20] (ver figura 7.1, na p. 152).
6. Por fim, as memórias procedurais se conectam às funções emocionais, episódicas e narrativas da lembrança. Isso permite que a lembrança ocupe o devido lugar no passado. As memórias procedurais traumáticas não são mais reativadas de modo inadequado (incompleto), mas são agora transformadas em ação saudável e empoderada e em vitória. Toda a estrutura da memória procedural se alterou, promovendo o surgimento de memórias emocionais e episódicas novas (atualizadas).

Um ponto-chave no trabalho com as memórias traumáticas é visitá-las de modo gradual a partir da vantagem de ancorar-se no presente, que não é nem de hiperativação e sobrecarga, nem de desligamento, colapso e vergonha. Isso pode ser um pouco confuso para os terapeutas, pois é possível que as pessoas num estado de desligamento *pareçam* calmas.

Em geral, quando lidamos com as memórias procedurais, é melhor trabalhar primeiro com as mais recentes. Porém, na realidade, todas as memórias procedurais com elementos parecidos e com estados de consciência concomitantes tendem a se fundir num engrama procedural composto. A memória explícita de Pedro de se sentir preso dentro da bola permitiu que ele acessasse o engrama procedural da impotência por estar preso e então arquitetasse uma fuga ativa. A renegociação total do engrama composto aconteceu, digamos, em retrospectiva. Isso permitiu que Pedro chegasse a uma finalização, primeiro ao sair da bola como adolescente e depois ao abrir a porta aos 5 anos. Essas duas fases distintas da sessão também o ajudaram a abordar o engrama composto que incluía sensações difusas de desamparo quando bebê. Por isso, a angústia infantil primária também se neutralizou em certo grau com o reprocessamento bem-sucedido dos traumas do adolescente e da criança de 5 anos.

A forma da vitória de Pedro também se manifestou numa sessão com uma maratonista campeã que lidava com problemas íntimos relacionados a um abuso sexual por um tio na infância. Na sessão, ela experimentou o impulso de revidar e chutar os genitais dele. Também reconheceu (com cada vez mais autocompaixão) que ele era muito mais forte que aquela criança de 4 anos. Depois disso, sentiu a sua própria força retornando, enquanto se imaginava com os braços estendidos como uma forma de limite contra os avanços dele. No final da sessão, ela relatou que se sentia como depois de uma maratona. Perguntei-lhe com o que isso se parecia e ela respondeu: "Senti como se eu chegasse a um ponto em que as pernas estavam prestes a desistir; parecia que eu mal conseguia ficar em pé, quanto mais continuar correndo [...]. E então algo aconteceu. Foi como se eu ouvisse uma voz em minha cabeça que dizia, 'continue [...] continue'".

Indaguei se aquilo era uma experiência comum aos maratonistas. "Sim", ela respondeu, "mas na nossa sessão eu senti isso vindo de dentro, de dentro de todo o meu ser, não só das pernas. Agora eu posso me defender; sei que tenho essa capacidade de suportar grandes desafios e de superar obstáculos".

Uma semana depois, ela me contou que experimentou uma abertura para a intimidade sexual — e isso, acrescentou, "foi a maior vitória sobre ele [o tio]".

SOBRE A VONTADE DE PERSEVERAR

O mundo quebra todos e, depois, muitos se tornam mais fortes nos lugares quebrados.
— Ernest Hemingway

Ganhamos força, coragem e confiança a cada experiência em que de fato paramos para encarar o medo. Somos capazes de dizer a nós mesmos: "Eu sobrevivi a esse horror. Posso lidar com o que vier a seguir". Você precisa fazer o que pensa que não pode fazer.
— Eleanor Roosevelt, *You learn by living*

Os meus 45 anos de trabalho clínico confirmam um instinto fundamental e universal voltado para superar obstáculos e restaurar o equilíbrio interno: um instinto de perseverança e de cura após situações e perdas avassaladoras. Além disso, suspeito que esse instinto tenha origem num desejo biológico de perseverar e vencer frente ao desafio e à adversidade. Qualquer terapeuta que honra os seus honorários não só reconhece essa capacidade primordial de encarar desafios adversos como entende que o seu principal papel não é "aconselhar", "curar" ou "consertar" os clientes, mas apoiar esse impulso inato de perseverar e triunfar. Mas como facilitamos a satisfação desse instinto?

Admito que essa busca interna por transformação, ilustrada pela jornada de Pedro, retrata um impulso, sobre cuja natureza reflito e pondero há muitos anos. Há pouco tempo, Joachim Bauer, um colega alemão que sabia das minhas investigações, entregou-me um obscuro artigo de jornal baseado no tratamento de alguns pacientes epilépticos. No entanto, antes de discutir esse interessante artigo, apresento um breve contexto sobre o tratamento neurocirúrgico da epilepsia.

Desde o trabalho pioneiro do eminente neurologista Wilder Penfield, de meados do século 20, o procedimento para remediar a epilepsia severa e intratável envolvia extirpar as células cerebrais danificadas, evitando-se assim as violentas "tempestades nervosas". No entanto, antes da extirpação cirúrgica, o neurocirurgião deve determinar o que a região cerebral afetada controla ou processa, para não excluir e nem interferir de modo inadvertido numa função vital para o indivíduo. Como não há receptores de dor no cérebro, tal procedimento é realizado com o paciente acordado e responsivo enquanto o cirurgião estimula esses focos com uma sonda de eletrodos.

Até pouco tempo atrás, a maioria dessas estimulações elétricas se limitava à superfície do cérebro e era associada a funções concretas específicas. Por exemplo, quando se estimulam áreas somatossensoriais, em geral os pacientes reportam sensações em várias partes do corpo. Ou, quando se estimula o córtex motor, uma parte do corpo, como um dedo, reage em resposta ao estímulo elétrico. Penfield também relatou a existência de algumas áreas "associativas" (incluindo o hipocampo) que, quando estimuladas, levam a pessoa a reportar reminiscências oníricas. Cerca de 65 anos após essas investigações iniciais, foram desenvolvidos protocolos para posicionar os eletrodos em várias áreas cerebrais profundas a fim de tratar a epilepsia fármaco-resistente.

No provocativo estudo de caso que recebi do meu amigo alemão, um grupo de pesquisadores de Stanford publicou um artigo com o intrigante título "The will to persevere induced by electrical stimulation of the human cingulate gyrus"[21] ["A vontade de perseverar induzida pela estimulação elétrica do giro cingulado humano"]. O artigo relata uma experiência inesperada provocada pela estimulação profunda numa parte do cérebro bem diferente daquela que Penfield e outros neurocirurgiões exploraram antes. Essa região cerebral é conhecida como o *córtex medial do cíngulo anterior* (CMCa).

Os pacientes desse estudo vivenciaram algo notável. As exatas palavras do paciente 2, após o estímulo do CMCa, foram: "Eu diria que é uma pergunta [...] não uma preocupação, como algo negativo [...] era mais algo positivo [...] force um pouco mais, force um pouco mais, force um pouco mais para tentar e passar por isso [...] se eu não lutar, eu desisto. Eu não posso desistir [...] (vou) continuar". O paciente 1 descreveu a sua experiência com esta metáfora: "É como dirigir durante uma tempestade e [...] como um dos pneus está meio baixo [...] e você só está na metade do caminho e não tem como voltar [...] continue avançando". Ambos os pacientes relataram uma sensação de "desafio" ou de "preocupação" (conhecida como pressentimento), porém *permaneceram motivados e preparados para agir, cientes de que superariam o desafio.* Uau!

Durante a estimulação desses pacientes, os autores notaram aumentos na frequência cardíaca, ao passo que os pacientes reportaram sinais autônomos, incluindo "tremores" e "ondas de calor" na parte superior do peito e na região do pescoço. De fato, isso me soou familiar, já que a maioria dos meus pacientes relataram sensações autônomas muito parecidas quando trabalharam com as memórias procedurais traumáticas e foram do medo à vitória, passando pela excitação e pela mobilização. Ao mesmo tempo, os clientes exibiram mudanças posturais sutis, incluindo o alongamento da coluna e a expansão no peito.

Do ponto de vista fisiológico, existe no nível do CMCa uma convergência funcional dos sistemas voltados para a *motivação* (mediados pela dopamina) e do sistema voltado para a *ação* (noradrenérgico). Para manter as coisas em perspectiva, não nos esqueçamos de que durante centenas de anos, bem antes do advento da neurociência, essa convergência triunfante de motivação e ação, de foco e vontade de perseverar foi descrita nos inúmeros mitos do mundo inteiro e no nosso cotidiano. De uma perspectiva mitológica, esses pesquisadores e seus corajosos pacientes talvez tenham revelado um substrato neurológico da "jornada do herói".

No seu livro de referência *The hero with a thousand faces* [*O herói de mil faces*], o eminente mitólogo Joseph Campbell acompanha a ocorrência desse mito pelo mundo e pela história registrada. Ele argumenta de modo convincente que mover-se em consonância com o próprio destino, ao se enfrentar um grande desafio (seja externo ou interno), e então dominá-lo com um direcionamento claro, com coragem e perseverança, está no cerne desse arquétipo universal, o mito do herói/heroína. Essa perseverança para encarar a adversidade extrema é também a base de vários rituais de iniciação xamânica. A vontade de perseverar, essa iniciação ou prova de fogo, talvez seja precisamente o que essa pequenina parte de tecido cerebral — o CMCa — parece orquestrar. De fato, talvez seja parte da arquitetura neural central facilitar o triunfo sobre a adversidade, o encontro por excelência da condição humana. Do ponto de vista clínico, precisamos abordar a questão central de como essa parte do cérebro normalmente é estimulada na ausência da epilepsia e dos eletrodos de profundidade.

Pesquisas atuais sobre o CMCa mostram que essa região do cérebro se ativa quando há estímulos de forte saliência afetiva, sejam positivos ou negativos. Tem conexões afetivas claras com áreas da ínsula, da amígdala, do hipotálamo, do tronco cerebral e do tálamo. A CMCa, junto com o córtex insular, recebe o *input* primário de receptores sensoriais do interior do corpo. Além disso, é a única parte do córtex que de fato pode amortecer a resposta da amígdala ao medo.[22] Com efeito, esse circuito do tálamo, da ínsula, do córtex cingulado anterior e do córtex pré-frontal medial recebe informações interoceptivas, isto é, sensações corporais internas e involuntárias, e afeta a preparação para a ação por meio do sistema motor extrapiramidal. Essas informações interoceptivas são o próprio tecido do qual são feitas as memórias procedurais[23] (ver figura 7.1, na p. 152).

Sem o benefício de um escâner cerebral de milhões de dólares, somos livres para especular sobre a comunicação de mão dupla entre o cérebro e o corpo de Pedro conforme as suas sensações corporais internas se alteram de medo e desamparo para triunfo e domínio. Para esse fim, quero recrutar a existência de um "instinto" crucial: um impulso somático inato para superar a adversidade e avançar. Na verdade, sem esse instinto primário, a terapia do trauma se limitaria ao *insight* e às intervenções comportamentais cognitivas, ao passo que, com a mobilização desse instinto, a transformação é possível na medida em que o cliente encara e acolhe o trauma. Também cogito que esse instinto opera por meio da ativação dos sistemas coordenados de motivação, recompensa e ação com bases procedurais. Essa convergência dos sistemas de motivação e ação (dopamina e noradrenalina) é o que chamei de "agressão saudável".

Alguns poucos estudos de caso sobre a estimulação cerebral profunda de pacientes epilépticos dificilmente podem ser considerados prova da existência de um instinto de perseverança e triunfo. No entanto, um corpo de evidências clínicas (como descrevi em *Uma voz sem palavras*), o acúmulo de mitos e rituais pelo mundo, uma infinidade de filmes e a literatura escrita atestam que a universalidade da perseverança e do triunfo sobre obstáculos e desafios está no cerne dos esforços humanos. Possivelmente, essa programação voltada para a transformação não só demonstra nossa humanidade como também nos conecta com os nossos ancestrais, humanos e animais.

De fato, na sessão com Pedro vimos como *o acesso e a completude de suas memórias procedurais* foram o caminho terapêutico para confrontar e transmutar seus demônios e realizar "miticamente" seu rito de passagem quando ele transformou as memórias procedurais de criança desamparada nas de adulto competente. Dessa forma, ele começa a vestir o manto do seu destino como um jovem potente e autônomo.

ÍNSULA, CMCa E ÊXTASE: O LADO ESPIRITUAL DA TRANSFORMAÇÃO DO TRAUMA

Fiódor Dostoiévski, que sofria de convulsões do grande mal, descreveu a sua experiência em palavras que talvez pareçam fantasiosas: "Uma felicidade impensável no estado normal e inimaginável para quem não a experimentou […]. Estou em perfeita harmonia comigo e com todo o universo". Essas sensações pareceram embasar o seu romance épico *O idiota*, cujo personagem principal, o príncipe Míchkin, diz acerca dos seus ataques: "daria toda a minha vida por esse instante único".

É difícil determinar a abrangência dessas experiências de "pico" entre outras pessoas que padecem de epilepsia, talvez porque elas tenham medo de ser consideradas "loucas". No entanto, alguns neurologistas descobriram que o chamado "efeito Dostoiévski" é uma área de estudo fascinante e até legítima. Nos tratamentos da epilepsia similares ao da estimulação do CMCa pelo grupo de Stanford, os neurologistas do Hospital Universitário de Genebra, na Suíça, parecem ter localizado o foco inicial numa subpopulação dos pacientes com "convulsões extáticas".[24] Usando potentes técnicas de imagens cerebrais para detectar os locais de atividade, eles reportaram que a ínsula parece ser a região focal. Ao estimular a ínsula anterior, conseguiram convocar o "êxtase espiritual" em alguns pacientes. Vale mencionar que uma das pacientes, ao saber da probabilidade da cura da epilepsia se estivesse disposta a renunciar aos estados de êxtase, declinou prontamente, de modo audacioso. Mesmo com epilepsia severa, "a troca não valia a pena".

A ínsula se divide em uma seção posterior (atrás) e uma anterior (frente). Parece que a parte posterior registra as sensações brutas ("objetivas") geradas dentro e fora. A parte anterior (que é associada ao CMCa), ao contrário, parece processar as sensações e as emoções mais refinadas, diferenciadas e subjetivas baseadas nos sentimentos. Craig[25], Critchley[26] e outros sugerem que a ínsula anterior é, em grande parte, responsável por como nos sentimos *em relação ao* nosso corpo e a nós mesmos. Além disso, eles notaram que o lado esquerdo da ínsula está relacionado aos sentimentos positivos e o lado direito, aos negativos. Mais uma vez, é a parte do cérebro que recebe informações de sensores interoceptivos (corpo interno). Nesse sentido, várias tradições espirituais desenvolveram técnicas de respiração, movimentos e meditação para convocar esses estados espirituais, ao mesmo tempo que oferecem orientação sobre como lidar com a polaridade desses estados emocionais e dos estados baseados em sensações — quando alguém experiencia o êxtase, ocorre um "rebaixamento" subsequente, uma oscilação para os reinos negativos.

Na renegociação do trauma por meio da Somatic Experiencing®, nós utilizamos a "pendulação", a alternância das sensações corporais ou das emoções entre expansão e contração. Esse movimento de fluxo e refluxo permite que as polaridades se integrem aos poucos. É a conciliação dessas polaridades que facilita a integração profunda e, com frequência, uma transformação "alquímica".

O que se segue no capítulo 6 é uma demonstração textual e visual do papel das memórias procedurais na resolução do trauma, extraídas das sessões gravadas de dois clientes. A primeira sequência mostra Jack, uma criança de 14 meses. Devido a sua idade e desenvolvimento verbal, o trabalho com ele envolve apenas memórias procedurais e emocionais. No entanto, ao retornar dois anos e meio depois para um acompanhamento, vemos como a memória procedural evoluiu para uma memória episódica.

A segunda sessão envolve o trabalho com Ray, um fuzileiro naval atingido por dois explosivos improvisados no Afeganistão, depois que o seu melhor amigo morreu em seus braços. Após resolver as memórias procedurais da explosão (trauma de choque), ele consegue acessar e processar suas memórias emocionais, episódicas e narrativas (declarativas) e ficar em paz com sua culpa de sobrevivente, seu pesar e sua perda da comunidade.

6. DOIS ESTUDOS DE CASO: UMA VISITA FAMILIAR

O BEBÊ JACK: UMA REUNIÃO DE MÃE E FILHO

Jack é uma criança brilhante e cheia de energia, mas ao mesmo tempo muito tímida e reservada. Ele chegou a mim por meio de um colega, pois teve um nascimento muito difícil e lutava contra as sequelas de tal adversidade. Jack estava numa posição pélvica, com o cordão umbilical enrolado três vezes ao redor do pescoço e a cabeça presa no ápice uterino. Cada empurrão que ele dava com os pezinhos e as perninhas colocava sua cabeça numa cunha mais estreita e apertava ainda mais o cordão em volta da garganta; era uma situação "sem saída" que convocava um terror primário de sufocamento, algo difícil de compreender para a maioria dos adultos.[27] Durante a cesariana de emergência, os médicos notaram a enorme angústia de Jack; a frequência cardíaca caiu de modo vertiginoso, indicando uma ameaça à vida. Além da cesariana, foi preciso uma sucção vigorosa para retirar a cabeça do ápice uterino. Sua chegada a este mundo foi acompanhada por vários médicos que o tocavam e o sondavam enquanto trabalhavam com agulhas, injeções intravenosas, exames agressivos e intervenções apressadas.

Agora, aos 14 meses, Jack se preparava para outro procedimento invasivo, a fim de investigar um refluxo gástrico intermitente. Sua mãe, Susan, seguindo à risca as recomendações do pediatra, agendara uma endoscopia para duas semanas após a nossa primeira sessão. Embora apreciasse a meticulosidade do pediatra, Susan tinha a esperança de encontrar outra solução, uma que não fosse invasiva e traumatizante. Com essa esperança a tiracolo, ela e o filho bateram à minha porta no outono de 2009.

Jack tinha as pernas apoiadas no quadril da mãe quando eu abri a porta, interrompendo a segunda batida. Ela pareceu meio desconcertada ao se ver de repente do lado de dentro. Quando se acalmou, reacomodando a criança, apresentou a si mesma e a Jack. Enquanto caminhavam pelo corredor de entrada, notei certo desalinho no equilíbrio entre mãe e filho. Eu poderia não ter dado importância àquilo e tê-lo tomado como um desconforto geral com um ambiente novo, com um estranho e com uma terapia desconhecida. No entanto, parecia ser algo mais fundamental; havia uma dissonância básica no ritmo diádico de ambos.

Com frequência, acredita-se que a desconexão entre bebê e mãe se deve a uma falha da cuidadora no sentido de não oferecer um ambiente "bom o suficiente", necessário à vinculação. Isso nem sempre é verdadeiro, como era claro no caso da Susan. Ela oferecia conforto, apoio e atenção de modo amoroso e sincero. Na verdade, foi o parto traumático que provocou um choque, separando-os no nascimento. A "onda de choque" subsequente perturbou a capacidade mútua de participar dos momentos mais íntimos um do outro, de vincular e de criar laços.

No consultório, Jack examinava o novo ambiente enquanto a sua mãe resumia os sintomas e o procedimento que se aproximava. Enquanto eu concordava com a sua preocupação e oferecia informações sobre a minha forma de trabalhar, também me sintonizava com o processo do filho naquele momento. Acompanhando o seu olhar, eu notei que ele estava intrigado com a variedade de brinquedos coloridos, instrumentos musicais, bonecas e esculturas amontados nas prateleiras acima da minha mesa.

Peguei um chocalho de cabaça turquesa e comecei a chacoalhá-lo devagar. Usando o ritmo para envolver a criança e a mãe, fiz contato visual com Jack e falei o seu nome. "Oi Jack", entoei no mesmo ritmo do instrumento.

Jack estendeu a mão de modo tímido para pegá-lo, e eu estiquei o braço devagar para lhe oferecer o instrumento. Ele então se retraiu em resposta à minha oferta.

Ele estendeu a mão mais uma vez para pegá-lo e, no contato, empurrou o chocalho e se voltou para a mãe com um gemido tímido de aflição.

Ela reagiu segurando-o com mais firmeza e afastando-o da interação com um giro rápido. Jack se distraiu, olhou para o outro lado e se acalmou. Comecei a conversar com ele sobre o parto difícil como se ele pudesse entender as minhas palavras. A minha prosódia e a modulação da minha voz parecem ter lhe oferecido certo conforto e segurança, transmitindo-lhe que eu era um aliado e que, de algum modo, compreendia a sua aflição.

Recuperando-se, ele estendeu a mão mais uma vez com curiosidade e então apontou para a mesa. "Maçã, maçã", exclamou, estendendo o braço esquerdo para um prato com três romãs.

Ergui o prato e lhe ofereci as romãs. Jack estendeu a mão, tocou uma delas e então a afastou. Dessa vez, empurrou de modo mais assertivo. "Você quer empurrar, não é?", perguntei, comunicando de novo não só com palavras, mas com ritmo e entonação. "Consigo entender de verdade quanto você quis empurrar depois de todas aquelas pessoas estranhas te tocando e machucando". Querendo reforçar o impulso de empurrar e a sua força, eu lhe ofereci o dedo; ele estendeu a mão para empurrá-lo para longe. "Sim, isso é ótimo", respondi, expressando encorajamento, afeto e apoio. "Com certeza você quer afastá-lo, não quer?" Jack deu outro gemido, como se concordasse.

Susan sentou-se no sofá e começou a tirar os sapatos de Jack. Ele parecia estar com medo e se virou, afastando-se de nós dois, enquanto conversávamos sobre o refluxo gástrico e uma possível penetração nos pulmões. Quando Susan mencionou que o cirurgião-pediatra propôs uma endoscopia, Jack pareceu demonstrar aflição; seu rosto contraiu-se numa expressão carregada de preocupação e ansiedade ao chamar: "mamãe". Parecia ter reconhecido o significado das nossas palavras (ou, talvez, captado a inquietação da mãe) e, num milésimo de segundo, a parte central de suas costas enrijeceu.

Jack voltou-se para a mãe e eu coloquei a mão com suavidade no meio das costas dele, descansando a palma da mão sobre os músculos enrijecidos e contraídos, enquanto estendia os dedos entre as escápulas.

Jack soluçou de novo, virou-se e olhou direto para mim. Como ele manteve o contato visual, avaliei que era seguro prosseguir com o toque físico. Jack continuou a se conectar comigo pelo olhar enquanto a mãe contava de novo a história dos sintomas, do tratamento e da avaliação médica.

De repente, Jack forçou as coxas da mãe com os pés e as pernas, impulsionando o corpo em direção ao ombro esquerdo dela. Esse movimento me deu um retrato instantâneo dos movimentos propulsivos e incompletos durante o parto. Eram os movimentos instintivos (as memórias procedurais) que o levaram ao ápice uterino e estrangulavam sua garganta com o cordão umbilical — exacerbando a angústia e ativando ainda mais o impulso de empurrar, o que, por sua vez, gerou ainda mais angústia. Como se seguisse um roteiro dramático e coreografado, Jack empurrou com força a perna da mãe mais duas vezes, voltando a impulsionar o corpo para os ombros dela.

Essa *completude* do impulso para nascer, sem o estrangulamento, sem a intensa pressão cranial e sem a "inutilidade" do aprisionamento da cabeça no ápice uterino, foi uma sequência importante de movimentos para Jack. Isso lhe permitiu uma "renegociação" bem-sucedida — no aqui e agora — do nascimento. Suas memórias procedurais foram modificadas, passando de lembranças inapropriadas e traumáticas para lembranças empoderadoras e bem-sucedidas. Manter um nível de ativação baixa a moderada na "renegociação" foi essencial. Retirei a mão das costas dele com calma e lhe permiti que se acomodasse.

A mãe respondeu aos impulsos do filho colocando-o em pé no colo. Enquanto eu sustentava uma presença suave por meio de um olhar atento e engajado, Jack olhou direto para mim com uma intensidade feroz que parecia expressar a sua determinação furiosa. Sua coluna se alongou e ele parecia mais ereto e alerta.*

Coloquei a mão na parte central das costas dele outra vez e falei com suavidade: "eu queria ter mais tempo para brincar, mas como eles planejam esse procedimento para daqui a algumas semanas, quero ver se podemos fazer algo para ajudar você". Jack enrijeceu de novo e, com a mão, afastou a minha com força. Ele franziu a testa e

---

* No meu trabalho clínico, observo que muitas vezes falta força às crianças que nascem de cesariana quando tentam ficar em pé. Mais tarde, como adultos maduros, frequentemente têm dificuldades para iniciar ações no mundo.

me lançou um olhar furioso, ao mesmo tempo que recolheu a mão e se preparou para outro grande empurrão defensivo.

Ofereci certa resistência a Jack, colocando o polegar no centro da sua mão pequenina. Ao corresponder ao seu vigor e permitir que me empurrasse com força, observei que, conforme o seu braço se esticava, ele conseguia direcionar a potência total da parte central das suas costas e continuar com um impulso robusto. Mantivemos o contato visual, e eu respondia à sua expressão de agressão desperta arregalando os olhos em expressão de surpresa, coragem, entusiasmo e estímulo.

Ao afastar a minha mão, a resposta dele se transformou numa aparente celebração. Espelhei a sua grande vitória sobre um intruso indesejável, um intruso que caracterizou a sua primeira experiência de um mundo ameaçador e hostil.

Jack recolheu a mão e soltou um pequeno gemido, mas manteve o contato visual, numa indicação de que queria continuar.

O grito se intensificou quando ele empurrou o meu polegar com força. Ele gritou com visível angústia, confusão e raiva.

O choro se aprofundou e ficou mais espontâneo quando eu coloquei a mão nas costas dele. Isso convidou o som a vir do diafragma em soluços profundos. Ao empurrar a minha mão, eu falei de novo com ele sobre todas as pessoas que o tocaram e o cutucaram e quanto ele também desejou afastá-las.*

Jack interrompeu o contato visual pela primeira vez durante essa série de empurrões e se voltou para a mãe.

Em segundos ele retomou o contato visual, mesmo quando o choro se intensificou. Respondi ao choro com um "sim... sim" de apoio, correspondendo à sua angústia com uma prosódia tranquilizadora e rítmica.

---

* Apesar de Jack não entender o significado exato das minhas palavras, acredito que, ao me comunicar como se ele compreendesse, isso transmitiu mais do que as próprias palavras; foi um reflexo da sua angústia e um reconhecimento de que eu "o entendia".

    Pela primeira vez, Jack respirou de modo profundo e espontâneo; então virou o peito para a mãe e, olhando sobre os ombros dela, retomou o contato visual comigo novamente.

    Expliquei a Susan sobre a importância de encorajar Jack a respirar na região torácica posterior. Coloquei a minha mão sobre a dela e a guiei para as costas de Jack, mostrando-lhe como apoiá-lo naquela região, enquanto também direcionasse e focasse a percepção dele ali. Expliquei-lhe que o padrão de contração e constrição naquela região talvez fosse, em grande parte, responsável pelo refluxo — e de fato era! Jack continuou chorando, mas permaneceu relativamente relaxado. Nós pausamos por alguns instantes, pois pude perceber que Susan estava consumida por vários pensamentos e sentimentos próprios.

    Susan respirou de modo profundo e então olhou com espanto para o filho. "Ele nunca chora, ou melhor, ele choraminga com um leve gemido, mas nunca dessa forma tão potente!" Assegurei-lhe que parecia ser um choro de profundo alívio emocional.

"Quero dizer, não consigo me lembrar da última vez que vi lágrimas escorrendo pelo rosto dele", acrescentou em grata surpresa.

Jack saiu da posição de aconchego e empurrou o meu dedo para longe do seu território de modo assertivo. Reforcei para Susan o quanto deve ter sido perturbador ter estranhos cutucando-o com tantos tubos e agulhas, e o quanto ele deve ter se sentido pequeno e indefeso. Susan se reposicionou quando ele se aconchegou ainda mais no seu colo e peito.

Jack aninhou-se no colo da mãe com um novo impulso para se encaixar, até então novo para ela. Esse encaixe é o aninhamento físico do corpo do bebê no ombro, no peito e no rosto da mãe. É um componente básico da vinculação — a dança íntima que informa ao bebê que ele está seguro, protegido e é amado. Acredito que isso também reproduz a posição física, de proximidade e contenção do feto no útero, e transmite sensações físicas primárias parecidas de segurança e de bem-estar.

"Não sei ao certo o que fazer com isto", ela comentou, apontando com o queixo para o encaixe e o aconchego do filho. Juntos, pausamos por um instante para apreciar aquele contato delicado entre ambos.

"Uau! Ele está muito quente", falou, quebrando o silêncio. Comentei que o calor era parte de uma descarga autônoma que acompanhou o choro e a liberação emocional.

Jack se aconchegou ainda mais quando ela o embalou de modo gentil, mantendo um contato pleno e de entrega, o peito dele apoiado no dela. Ele fez uma inspiração completa e tranquila e a soltou com uma exalação profunda e espontânea, que pareceu expressar grande alegria e, ao mesmo tempo, liberar todo o estresse. Na verdade, Susan também baixou a guarda, deixando a dúvida de lado e começando a acreditar que aquela nova conexão era "para valer".

Susan olhou para Jack enquanto ele se aninhava cada vez mais em seu peito e ombro. Ela curvou-se para encontrar aquele encaixe com a cabeça e o rosto. Pode-se dizer que ambos estavam "renegociando o vínculo". Susan continuou a embalar o filho com suavidade enquanto mantinha a conexão. Ele continuava a se autorregular com tremores suaves e a respirar de modo profundo e espontâneo, com expirações plenas e audíveis. Susan jogou a cabeça para trás, num êxtase de contato e conexão.

Jack olhou para fora do seu ninho e fez contato visual comigo. Reconheci que ele tivera o bastante por um dia e comecei a encerrar a sessão. Susan reconheceu o fechamento, mas precisou compartilhar mais uma vez o próprio espanto e esperança.

Com uma expressão perplexa e surpresa, ela comentou: "Nunca o vi assim tão quieto". E então perguntou a Jack: "Você está com sono? Tão fofo, tão doce", como se estivesse vendo seu bebê pela primeira vez.

Pedi a Susan que anotasse qualquer novidade no comportamento, no nível de energia, no padrão de sono, nos sintomas de refluxo de Jack durante a semana seguinte. Ele espiou do seu ninho seguro e me deu um sorriso breve e aberto. Respondi com outro sorriso e algumas palavras convidativas. Alguns segundos depois, outro sorriso leve surgiu no seu rosto relaxado.

Antes de a sessão terminar, Jack e eu brincamos de esconde-esconde por alguns instantes, com seu engajamento caloroso e divertido; mas em nenhum momento ele saiu do aconchego do colo da mãe. Ela acariciou a cabeça dele com o nariz e refletiu: "Isto de fato parece diferente. Em geral, ele dá um abraço rápido e sai correndo". Quase como se cheirasse o recém-nascido e trazendo-o para mais perto do corpo, ela também soltou uma expiração audível e abriu um sorriso largo. "Isto é tão diferente", murmurou tranquila. "Ele é carinhoso, mas nunca fica quieto... ele nunca fica comigo... está sempre buscando algo novo."

Enquanto continuavam a se aconchegar, eles sorriram em uníssono. O deleite absoluto de ambos era visível e palpável. O seu bebê voltara para casa e, juntos, eles celebravam aquela reunião.

Na sessão seguinte, uma semana depois, Susan tinha uma série de anedotas que queria compartilhar. Seu entusiasmo e a curiosidade confortável de Jack eram contagiantes. Eles se sentaram juntos no sofá e Jack descansou a cabeça no peito da mãe. Inclinei-me na cadeira, ansioso para ouvir o relato dela. Ela começou contando um episódio que ocorrera na noite posterior à nossa primeira sessão.

"Ele acordou no meio da noite e chamou: 'mamãe'", reportou, acrescentando que foi pegá-lo como de costume. Jack sentou-se calmo no seu colo e colocou a cabeça mais perto do peito. "Quando eu o peguei, ele estava fazendo isso", acrescentou, apontando com o queixo para o aconchego reconfortante.

Observei com um sorriso de apreciação. "Parece que ele está recuperando o tempo perdido", sugeri.

Ela continuou a história: "Bem... então ele disse, 'Maçã, maçã'. Pensei que ele quisesse comer alguma coisa, mas em geral isso significa descer do colo e correr para a cozinha. Então percebi que ele se referia às 'maçãs', às romãs na sua mesa". Ela explicou que , alguns dias depois da primeira sessão comigo, eles tiveram uma consulta com o pediatra, o que deixou Jack incomodado. Enquanto voltavam para casa, ele continuou a chamar por Susan da sua cadeirinha: "Pita, pita, maçã, pita".

"De novo, achei que ele estivesse com fome", continuou Susan, "e perguntei se ele queria pizza. 'Não, pita, pita, maçã!' Percebi que ele falava de você, tentando dizer 'Peter'. Incrível, não é, quanto ele reconheceu e queria falar sobre a mudança que sentiu?", ela indagou, olhando para mim em busca de validação.*

Sorri com alegria e apreciação e então indaguei sobre a energia dele. "Ele está bem mais falante, bem mais interativo. Quer nos mostrar tantas coisas e quer o nosso *feedback*. Parece muito mais envolvido e interessado em nos ter brincando com ele." Ela curvou-se e beijou a sua cabeça enquanto ele se aninhava no colo dela.

"Mas, de verdade, esta é a maior mudança", acrescentou. "Não consigo explicar — tê-lo sentado assim, apenas aconchegado, é uma mudança completa, totalmente diferente. Não é ele... é... é o novo ele."

"Ou talvez seja o novo nós", respondi.

Susan inclinou a cabeça de modo tímido e murmurou com suavidade: "É maravilhoso para mim".

Jack e eu brincamos durante boa parte do restante da sessão.

Reconheci que muito do trauma do nascimento e do vínculo interrompido se resolveram e que os sistemas de envolvimento social estavam despertando e retornando à vida com vontade. Como já mencionado, muitas vezes se atribui a falta de vinculação à indisponibilidade e à falta de sintonia da mãe. Mas, como pudemos ver aqui, foi o trauma compartilhado por ambos que interrompeu o ritmo natural e o impulso mútuo para o vínculo.

O aninhamento que ocorreu na primeira sessão é um componente essencial do vínculo, uma "chamada e resposta" fisiológica entre mãe e filho. A renegociação de Jack e a vinculação de Susan,

---

* Creio que o relato da Susan demonstra a formação das redes de associação pré-lógica (engramas da memória procedural) que, como veremos, continuaram presentes quando eles retornaram para um "acompanhamento" três anos depois, quando Jack tinha 4 anos e meio.

que foram interrompidas de forma tão severa pela crise do parto e pelos cuidados neonatais, foram revisitadas depois que ele descobriu a capacidade de se autodefender e de estabelecer limites. Junto a isso, ele completou os movimentos propulsivos fundamentais que foram afetados durante o nascimento e que não se resolveram.

Pressupõe-se que temos uma lembrança muito limitada dos primeiros acontecimentos pré-verbais. No entanto, traços de lembranças "ocultas" existem de fato no útero (na forma de memórias procedurais) já no segundo trimestre e, claramente, próximo ao período do nascimento.[28] Esses *imprints* podem ter um efeito poderoso em nossas reações, comportamentos, estados emocionais e sentimentos posteriores. Entretanto, esses engramas pré-natais só se tornam visíveis se sabemos onde e como procurá-los. Uma analogia útil sobre como identificar esses profundos *imprints* perinatais e de nascimento, que talvez se obscureçam por engramas posteriores, é a seguinte: imagine-se sentado na praia observando o mar. A princípio, você está ciente das ondas e da espuma. Mas, se fosse dar um mergulho, seria profundamente afetado pelas correntes e contracorrentes. Na verdade, é provável que elas tivessem um impacto muito maior do que as ondas. Além do mais, várias ordens de magnitude mais potentes do que qualquer uma dessas forças são as ações quase invisíveis das marés. Só para reconhecer a existência delas, teríamos que nos sentar e observar os níveis da água por várias horas, mas o poder que capturamos dessa força poderia iluminar uma cidade inteira.

Procurar poderosos engramas perinatais e do nascimento sob os *imprints* mais recentes da memória exige que nós, clínicos, usemos o mesmo estado de alerta relaxado e paciente de alguém que observa as ondas, as correntes e as marés. Como disse Yogi Berra, "pode-se observar muito só olhando". Com Jack, essas primeiras forças primitivas que se movem como as marés foram notadas, por exemplo, quando ele forçou todo o corpo para cima, usando as coxas da mãe para impulsioná-lo enquanto eu apoiava as costas dele com a mão. Essa ação foi a evidência de seu impulso interno para completar os movimentos frustrados do nascimento, quando ficou preso no ápice do útero; quanto mais ele empurrava, mais preso ficava. Foi o resultado no longo prazo dessa renegociação bem-sucedida dos traumas do nascimento que observamos e consolidamos na consulta de acompanhamento três anos depois.

A CONSULTA DE ACOMPANHAMENTO DE JACK

Para celebrar o quarto aniversário de Jack, ainda que com atraso, convidei Susan a trazê-lo para uma consulta rápida. Eu estava ansioso para vê-los, não só pelos momentos delicados que compartilhamos como também, sendo sincero, por minha curiosidade sobre como as memórias procedurais iriam se expressar.

O entendimento convencional do desenvolvimento neurológico postula que, quando vi Jack pela primeira vez aos 14 meses, ele ainda era muito pequeno para formar qualquer memória consciente e episódica. Além disso, a existência de qualquer coisa parecida com uma memória autobiográfica e narrativa seria impossível naquela idade. Quando entraram, eu me apresentei de novo a ambos. Susan perguntou a Jack se ele se lembrava de mim. Ele declinou com um enfático "não!" No entanto, Susan sorriu com discrição e disse: "Quando nos aproximamos da porta, ele me perguntou, 'mamãe, ele vai colocar a mão nas minhas costas?'" É claro que Jack teve acesso episódico à memória procedural (baseada no corpo) do nosso encontro quando ele tinha 14 meses.

Lembrem-se de que, na primeira sessão, Jack foi capaz de se envolver e desenvolver o impulso para estabelecer limites e não se sentir mais indefeso. Ao descobrir que era capaz de empurrar e impulsionar a si mesmo com sucesso pelo canal de parto, dessa vez sem ficar preso, ele alcançou um novo domínio sobre o seu processo de nascimento. Junto com o choro e a descarga autonômica (ondas de calor e respirações espontâneas), os impulsos biológicos inatos de mãe e filho foram ativados e unidos, levando ao aninhamento profundo de Jack e à vinculação entre ambos. Em seguida, ele foi capaz de corporificar a totalidade da experiência encapsulada na imagem da romã ("maçã"). Isso pareceu reforçar a sua conexão conosco. Mais tarde, ele foi capaz de convocar essa imagem e o meu nome ("Pita") para ajudá-lo a se regular após se assustar com o médico.

Agora à minha porta, a memória procedural do Jack de 4 anos e meio se transformou numa memória emocional — a sensação do que ocorreu — e num desejo por mais sensações parecidas. A transformação dos engramas das memórias, da procedural, passando pela emocional, à episódica, pode ser reconhecida na expectativa da sua pergunta: "Ele vai colocar a mão nas minhas costas?"

Susan também relatou que Jack se tornara um atleta brilhante e uma das crianças mais inteligentes da turma no jardim de infância. Isso não foi nenhuma surpresa, já que o seu interesse por vários dos objetos na minha sala era constante. Ela também observou que raras vezes ele se aninhava no seu colo, a não ser que estivesse triste, cansado ou assustado — muito normal para uma criança daquela idade.

"E aí, Jack", perguntei, "qual é seu esporte favorito?"

"Beisebol", ele respondeu com um largo sorriso.

"E em que posição você joga?"

"Ah, gosto de jogar como arremessador e na segunda base, e também como apanhador", ele respondeu sorrindo, com evidente orgulho da habilidade de se lembrar de todas as posições.

Susan contou que ele sempre brincava com os colegas e era bastante autônomo, embora "ainda goste de ser abraçado e aninhado de vez em quando", acrescentou. Como se fosse uma deixa, Jack subiu no colo da mãe e ajeitou a cabeça e os ombros no peito dela, como três anos antes. E tal como ocorreu com ela naquela ocasião, um largo sorriso surgiu em seu rosto. É como se eles tivessem viajado juntos no tempo, na celebração conjunta da nossa reunião. Susan expressou a sua surpresa: "Isto é muito raro, Jack é muito social e sempre prefere estar ativo ou com os amigos".

O que podemos pensar de tudo isso? Estou certo de que Jack não se lembrava de mim "de modo consciente" (isto é, como uma memória declarativa), mas então de onde brotara aquela pergunta? Que parte da memória o levou a perguntar à mãe: "ele vai colocar a mão nas minhas costas?"? Jack estaria usando a parte mais consciente do cérebro/mente para acessar as sensações primárias (as memórias procedurais) que permaneceram latentes até serem acionadas à porta da minha casa?

O corpo do Jack de 4 anos e meio começou a reviver a experiência implícita de três anos antes, mas dessa vez ele foi capaz de verbalizar a experiência corporal, perguntando se eu colocaria a mão nas suas costas. Então, estimulado e preparado, repetiu a memória procedural de descansar em segurança nos braços da mãe. Aninhado no colo e com as costas voltadas para mim, ele me convidou a colocar a mão sobre a sua coluna e, mais uma vez, massagear com suavidade as suas costas, agora fortes e atléticas, enquanto se fundia nos braços aconchegantes da mãe.

E, para completar, ele se aninhou para um grande abraço.

Jack continua progredindo, e eu agradeço a ele e à sua mãe a permissão para compartilhar a jornada de ambos.

RAY: CURANDO A GUERRA INTERIOR

> *Aquele que se saiu bem na guerra ganha o direito de começar a se sair bem na paz.*
> — Robert Browning

Prólogo

Os fatos nus e crus: mais de 22 militares se suicidam a cada dia. Isso é mais do que os mortos nas guerras do Iraque e do Afeganistão, e mais do que o dobro da incidência na população em geral. Ray, cuja experiência visitaremos, fazia parte de um pelotão com um dos mais altos níveis de suicídio no Corpo de Fuzileiros Navais.

Entre 2 a 3 milhões de militares estão retornando dos *fronts*, carregando consigo os custos ocultos da guerra. Levam para casa uma aflição invisível, as feridas do trauma, "infectando" suas famílias e, no final, suas comunidades. Se 1 milhão de pessoas retornasse de uma guerra com uma tuberculose muito virulenta, com certeza isso seria considerado uma emergência nacional. Convocaríamos de imediato a *expertise* e a atenção de cientistas e clínicos de todo o país. Em vez disso, fechamos os olhos e, impotentes, nos preparamos para um tsunâmi de traumas, depressão, suicídio, violência, estupro, divórcio, adição e indigência que assola a nossa sociedade. A falta de um tratamento de saúde mental efetivo para os nossos soldados é um abandono em larga escala das nossas responsabilidades coletivas como nação, e particularmente como terapeutas. Negligenciar essas obrigações é quase uma garantia de uma epidemia contagiosa de sofrimento que, em última instância, afeta a todos nós.

Quaisquer que sejam as nossas crenças pessoais sobre determinada guerra, como sociedade, devemos a esses guerreiros, que se expuseram ao perigo *em nosso nome*, a cura e o retorno à vida civil que eles tanto merecem. Ray é um desses jovens veteranos excepcionais, e esta é a sua história.

Ray e seu pelotão estavam alocados no Afeganistão, na província de Helmand. No dia 18 de junho de 2008, numa emboscada violenta, vários membros do pelotão morreram; o seu melhor amigo morreu em seus braços. Mais tarde, naquele mesmo dia, enquanto fazia uma patrulha, dois dispositivos improvisados explodiram numa rápida sucessão. Essas explosões, bem próximas a Ray, literalmente o fizeram voar pelos ares. Ele acordou duas semanas depois no hospital militar em Landstuhl, na Alemanha, incapaz de andar e falar. Só pouco a pouco e com uma tremenda força de vontade ele foi capaz de reaprender essas habilidades básicas. Quando vi Ray pela primeira vez, cerca de seis meses depois, ele sofria muito com sintomas de transtorno de estresse pós-traumático (TEPT), lesão traumática cerebral (LTC), dor crônica, insônia grave, depressão e com o que foi diagnosticado como síndrome de Tourette. Ele tomava um coquetel de fortes medicamentos psiquiátricos, incluindo benzodiazepinas, Seroquel (um "antipsicótico"), múltiplos inibidores seletivos de receptação de serotonina (ISRS, uma classe de antidepressivos) e analgésicos opioides.

Em dezembro de 2008, Ray chegou a um grupo terapêutico que eu mantinha em Los Angeles (sessão 1). Após a sessão inicial, tivemos mais três sessões gratuitas na minha casa (sessões 2, 3 e 4). Em 2009, eu o convidei a participar de um *workshop* de cinco dias no Instituto Esalen, no cenário majestoso da acidentada costa Big Sur, na Califórnia (sessões 5 a 10). Isso nos deu a chance de continuar a trabalhar juntos, e a Ray, a possibilidade de interagir com outras pessoas num ambiente social seguro e de apoio.

Sessão 1

Ray contou que tomava vários medicamentos psiquiátricos, narcóticos fortes e entorpecentes para tratar uma multiplicidade de diagnósticos. Do ponto de vista funcional, sua lesão consistia de contrações convulsivas da cabeça e do pescoço, que começavam nos olhos e na mandíbula e se espalhavam pelo pescoço e pelos ombros. Nessa entrevista inicial, ele desviava o olhar, olhando para o chão, incapaz de estabelecer contato visual e transmitindo uma sensação generalizada de vergonha e derrota.

Quando Ray tentou manter contato visual, notei uma dessas contrações convulsivas. Essa sequência aconteceu num intervalo de cerca de um segundo e meio, e é provável que seja a razão para o diagnóstico da síndrome de Tourette. A Somatic Experiencing®, no entanto, vê essas sequências rápidas como *respostas incompletas de orientação e de defesa*. No momento da primeira explosão, os ouvidos, os olhos e o pescoço de Ray (apenas) iniciaram um giro em direção à fonte do acontecimento. Essas *respostas preparatórias pré-motoras* são acionadas nas redes de respostas centrais do tronco cerebral primitivo.[29] No entanto, antes mesmo da execução dessa ação, a segunda explosão ocorreu quase ao mesmo tempo, e ambas o lançaram com violência para o alto. Nesse momento, a cabeça e o pescoço provavelmente foram forçados de modo abrupto na direção do tronco (o chamado reflexo tartaruga), enquanto o restante do corpo iniciava uma curvatura para frente, como uma bola (em termos técnicos, ele se contraiu num reflexo de flexão global). Juntos, eles formam um instantâneo da sequência incompleta de orientação e de defesa protetora que ficou "travada" e sobrecarregada. Essa memória procedural incompleta (padrão fixo de ação) dá origem à perseveração dos espasmos semelhantes aos chamados tiques da síndrome de Tourette.

Notei que a mandíbula de Ray se contraía primeiro, uma fração de segundo antes da convulsão completa, que envolvia o pescoço e os ombros. Para interromper essa sequência, lhe pedi que abrisse e fechasse a mandíbula bem devagar: abrisse até o ponto em que *começasse a sentir resistência ou medo* e, então, deixasse a boca se fechar com bastante suavidade. Repetimos o movimento, abrindo

TRAUMA E MEMÓRIA

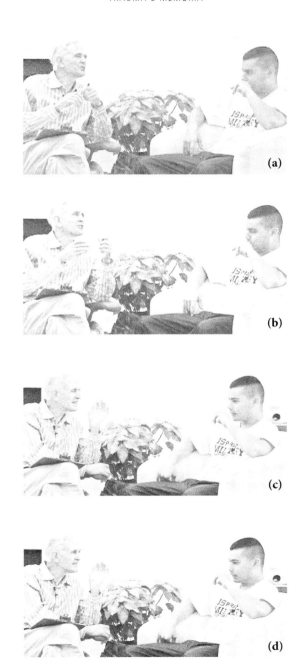

até o ponto da resistência e a cada vez, pouco a pouco, expandindo a abertura. Pedi que repetisse esse exercício de percepção consciente algumas vezes. A cada vez, vimos que a boca dele se abria um pouco mais. Esse exercício permitiu que a sequência convulsiva se manifestasse num nível bem atenuado, reduzindo o "sobreacoplamento". De repente, Ray abriu os olhos, olhou ao redor com curiosidade e descreveu uma sensação agradável de formigamento se espalhando da mandíbula aos braços.

Em seguida, pedi a Ray que acompanhasse o meu dedo com os olhos. (O tempo gasto nesse movimento foi entre 5 e 6 segundos.)

Os movimentos dos olhos são parte vital da resposta de orientação. Quando há um som alto (ou mesmo o som fraco de passos ou do estalar de um galho na mata), nossos olhos tentam localizar a fonte da perturbação. O que eu buscava nesse exercício era o ponto exato onde os olhos — ao longo dos eixos horizontal, vertical ou circular — paralisavam, saltavam ou "ficavam perdidos". Os olhos de Ray iniciavam uma resposta de orientação em direção à fonte da primeira explosão, mas se sobrecarregaram e não conseguiram fixar e identificar a fonte da ameaça ao ser lançado para o alto. Ficou claro que o seu sistema nervoso não conseguiu processar essa série avassaladora de acontecimentos que se seguiu ao tiroteio e à morte do amigo querido. Desacoplar os movimentos dos olhos permitiu que o travamento dos músculos da mandíbula, que eu já identificara como o iniciador da sequência neuromuscular convulsiva (memória procedural), se resolvesse ainda mais.

Ao examinar a sua resposta visual, vi os olhos se fixarem em algum ponto entre 5 e 10 graus no quadrante inferior, reforçando a minha suspeita de que a explosão viera da esquerda. Eu interrompia o movimento com o dedo no ponto em que os olhos paralisavam ou "ficavam perdidos". Essas reações representam episódios de constrição e dissociação, respectivamente. Quando uma das duas ocorria, eu pausava e permitia que a ativação se assentasse. Essa combinação de esforço, resposta ativada, assentamento e estabilização promove o avanço da memória procedural na direção de uma eventual

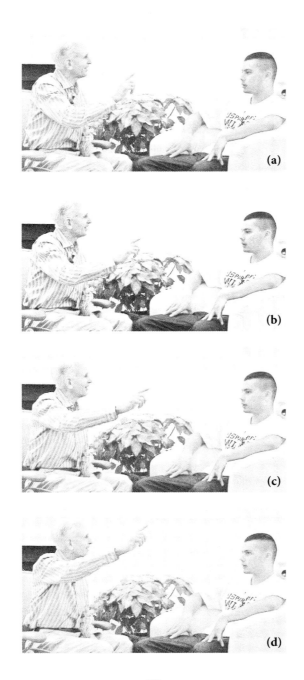

completude.* Conforme eu executava esse processo em intervalos, movendo com gentileza pelos ciclos de ativação/desativação, o rastreamento ocular de Ray começou a "suavizar" aos poucos e a sequência convulsiva amenizou e começou a se organizar melhor. Ray relatou que se sentia mais em paz.

Após descansar por alguns minutos, permitindo que a ativação se acomodasse, continuei com o rastreamento ocular. Dessa vez, só houve um minuto de ativação da sequência compulsiva. Ray respirou com facilidade (de maneira espontânea) pela primeira vez e a frequência cardíaca baixou de 100 para 75. Observei isso no pescoço, pela carótida. Ele descreveu um profundo relaxamento nas mãos e um "formigamento e um calor se espalhando por todo o corpo". A expressão de contentamento no meu rosto refletia a nossa experiência conjunta de acomodação conforme ele se movia para uma tranquilidade prazerosa.

Tempo decorrido: aprox. 10 segundos

---

* Para evitar mal-entendido, esse processo de ativar de modo visual o quadrante espacial-temporal de uma resposta de choque não tem relação alguma com a movimentação dos dedos na EMDR.

A seguir, Ray esticou as mãos de modo espontâneo. Pedi que ele colocasse a atenção nas mãos e percebesse como as sentia (de modo interoceptivo) por dentro. Cada vez que ele fazia isso, abria as mãos um pouco mais. Isso o ajudou a contatar melhor a dinâmica e os ritmos de cura da "pendulação", da pulsação e do fluxo.

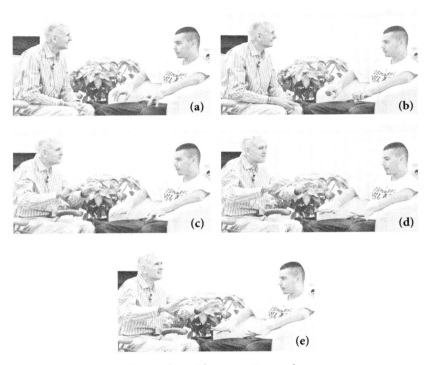

Tempo decorrido: aprox. 5 segundos

Sessão 3

Na terceira sessão, na minha casa, pedi a Ray que avaliasse o seu progresso, notando onde se encontrava no momento numa escala de 1 a 10 — 1 representando onde ele se encontrava antes da primeira sessão em Los Angeles, e 10, onde se sentia competente e confiante, tendo a vida que desejava. Ele reportou que estava no "4". Perguntei se ele podia visualizar onde estaria nas próximas semanas ou meses. Ele abriu os braços num gesto amplo e disse que podia se ver num "6"... e então num "8". Como seu "treinador/guia", eu não escondi o entusiasmo sobre a sua confiança no próprio *momentum* de cura. Essa avaliação "quantitativa", da qual Ray participou com tanta energia, é um exercício útil, pois ajuda a mostrar ao cliente que ele está saindo do choque traumático/fechamento onde não conseguia imaginar um futuro diferente do passado (traumático). Como Ray colocou com tanta habilidade, "agora eu posso me ver num futuro brilhante".

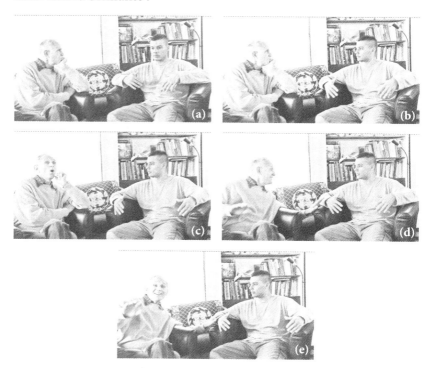

Sessão 5

As próximas sessões com Ray ocorreram durante um *workshop* de uma semana no Instituto Esalen em Big Sur, na Califórnia.

Durante a quinta sessão, pedi a Ray que fizesse um som específico, "vuu", e o sustentasse junto com os movimentos de abrir e fechar a mandíbula.* Isso o ajudaria a conectar o centro de energia vital no abdômen com a sensação de agressão obstinada na mandíbula. No início, Ray relatou que sentia um formigamento no corpo todo, que o deixava mais vivo. No entanto, ele não conseguiu sustentar esse sentimento de vivacidade e começou a se fechar numa postura colapsada e numa respiração constrita. Suspeito que esse fechamento se deva à culpa de sobrevivente, acionada de imediato pela experiência de se sentir vivo. Podemos observar claramente a cabeça inclinada para baixo.

Para explorar essa culpa, eu lhe pedi que pronunciasse as seguintes palavras e notasse o que acontecia em seu corpo: "Eu estou vivo... Eu estou aqui... Eu sobrevivi... nem todos sobreviveram". Esse roteiro de exploração permitiu que ele reconhecesse a culpa e começasse a confrontar a raiva. No final, a raiva o levou a revelar a profunda tristeza pela perda dos companheiros próximos do seu grupo de irmãos.**

Para ajudar Ray a processar a raiva e a acessar os sentimentos subjacentes de perda, vulnerabilidade e desamparo, recrutei dois membros do grupo para ajudá-lo a conter e a direcionar a raiva. Eu queria que ele sustentasse esse movimento e o direcionasse para uma almofada grande — em vez de explodir de modo catártico. Devido ao medo profundo de que a raiva e a fúria o levassem a machucar outras pessoas, ele costumava inibir o impulso de atacar. Esse impulso de socar e destruir envolvia os seus músculos anteriores. Ao sentir esse impulso irresistível (e ao mesmo tempo inaceitável), ele contraía os músculos posteriores dos braços e dos ombros para impedir que o impulso proibido aniquilasse outras pessoas. No entanto, essa inibição neuromuscular travava o seu corpo e enterrava os sentimentos mais gentis numa espécie de "armadura" muscular.

---

* Veja uma descrição deste exercício em *Uma voz sem palavras — Como o corpo libera o trauma e restaura o bem-estar*. 5 ed. rev. São Paulo: Summus, 2022.
** Esse tipo de processamento emocional não poderia ter ocorrido sem, em primeiro lugar, resolver suficientemente as reações de choque (devido às explosões). Essa resolução ocorreu em especial nas três primeiras sessões com Ray. No entanto, continuamos a visitar o resíduo atenuado dessas reações de choque, conforme os ecos desses fantasmas ressurgiam mais leves, de tempos em tempos.

Os dois membros do grupo, agora, "assumiram" a função de inibir (de segurá-lo) e o ajudaram a conter e a canalizar a ação de golpear para que ele pudesse sentir e prosseguir com o impulso desinibido de modo seguro e titulado.

Isso permitiu a ele experienciar sua plena "agressão saudável" e contatar sua "força de vida", seu *elan vital*. Ele repetiu essa ação direcionada três vezes, deixando as sensações a ativações assentarem depois de cada investida prolongada e sustentada.

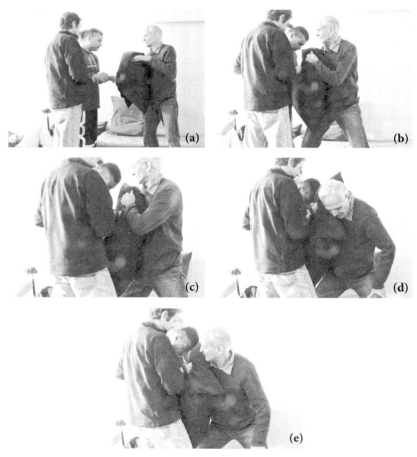

Tempo decorrido: aprox. 30 segundos

Após a terceira vez, eu lhe perguntei o que ele notava nas mãos e nos braços. Ele respondeu: "Eles parecem de fato fortes [...] de um jeito bom [...] como se eu pudesse prosseguir. Agora sinto força para conseguir o que eu quero da vida, enquanto continuo honrando os meus companheiros que morreram". Esse movimento para frente é a essência da "agressão saudável".

Nesse ponto, sentamo-nos lado a lado. Ray descreveu como foi ver o melhor amigo morrer em seus braços, o auge da impotência e da perda. Com o meu apoio, e também o do grupo, ele fez isso de forma tranquila, graciosa, calma e, o mais importante, com dignidade. Seus olhos se encheram de lágrimas e, calmamente, ele reconheceu e compartilhou a sua dor e o seu pesar com o grupo.

Esse componente do "sentimento suave" é o ápice de um processo orgânico e sequencial de seis fases, que envolveu: (1) resolver a reação de choque das explosões; (2) imaginar um futuro diferente do passado; (3) lidar com a culpa e a fúria, com o apoio e a contenção do grupo; e (4) contatar a agressão saudável e a força interna, o que, por fim, permitiu a ele (5) reconciliar-se os sentimentos mais profundos de pesar, desamparo e perda; e (6) orientar-se no aqui e agora. Ray, que era tímido em grupos, começou a olhar para mim e para a sala como se visse os outros membros do grupo pela primeira vez. Ele foi capaz de estar com os sentimentos profundos de perda e, ainda assim, com outros seres humanos. Talvez o grupo tenha sido uma "família transicional" para ele, um elo para a vida civil e para um mundo de sentimentos.

Alguns meses após a sessão em Esalen, Ray casou-se com Melissa e eles tiveram um filho, Nathaniel.

Em 2012, quando eu estava em Encinitas, na Califórnia, eles me visitaram para uma sessão de acompanhamento.

Ray descreveu o quanto ele ficara "ligado" na noite anterior a essa sessão, devido à excitação. Usando alguns dos exercícios que eu lhe ensinara, ele foi capaz de criar estados de relaxamento rápido. Juntos, fizemos o som "vuu" e os movimentos da mandíbula. Ele relatou um relaxamento e sensações de "ondas de calor" acompanhadas de "ondas de alegria".

Perguntei a Ray como estava a vida dele. Ele descreveu alguns dos seus encontros com a equoterapia e relatou que percebia esses animais [cavalos] como não julgadores e dispostos a confiar.

Pedi a Ray que fosse para dentro de si e observasse se conseguia sentir a mesma qualidade de não julgamento que ele sentia em relação aos cavalos e notar onde, no corpo, ele experimentava essa sensação interna. Quando ele começou a se conectar com as sensações de autocompaixão, pedi que olhasse para Melissa e notasse o que sentia por ela e o que ela sentia por ele. Eles se olharam com tranquilidade e sorriram com suavidade.

Melissa descreveu como aprendera a dar espaço ao marido sem tomar como pessoal quando ele precisava se recolher.

    Ela começou a chorar ao descrever o quanto se sentia aliviada por eles terem conseguido chegar a um lugar em que podiam permanecer em contato até mesmo quando Ray precisava se recolher. É importante para os veteranos e suas famílias (aliás, para todos nós!) desenvolver a habilidade de não interferir na necessidade de "espaço" (e ajudar a mantê-lo seguro); e, para os veteranos, manter uma conexão comunicando seus sentimentos e necessidades, inclusive a de se recolher.

    Nathaniel, o filho deles, entrou correndo na sala; Melissa o olhou com alegria, e Ray sentia prazer na apreciação amorosa de Melissa pelo filho.
    Ela disse a Ray o quanto ficava comovida na medida em que ele se abria cada vez mais para ela. Acrescentou que, embora as coisas

pudessem ser difíceis, eram esses momentos que ajudavam a fortalecer o vínculo entre eles.

A sessão terminou num envolvimento social agradável de espelhamentos e interações lúdicas.

Grande parte do que foi apresentado aqui pode ser vista neste vídeo: <www.youtube.com/watch?v=bjeJC86RBgE>.

Epílogo e discussão

Em janeiro de 2015, o ex-fuzileiro naval David J. Morris publicou um artigo no *The New York Times* intitulado "After PTSD, more trauma"[30] [Após o TEPT, mais trauma]. Nesse artigo, ele descreve sua dispensa do Corpo de Fuzileiros Navais em 1998 e seu trabalho como repórter no Iraque, de 2004 até quase ser morto em 2007 numa explosão. Depois dessa provação angustiante, ele buscou terapia na San Diego Veteran's Affairs Clinic [uma clínica voltada para o tratamento dos veteranos, em San Diego], onde se tratou com a exposição prolongada (EP), um dos "tratamentos de escolha" para o TEPT. Nessa forma de terapia, os pacientes são levados a reviver várias vezes os piores horrores e terrores das experiências da guerra; ao recontar a história do trauma aos terapeutas, os pacientes, em tese, "desaprenderiam" a reação traumática em relação a essas memórias específicas.

O acontecimento que Morris escolheu para focar na terapia foi a emboscada por explosivos à qual sobrevivera em 2007, quando fazia uma reportagem ao sul de Bagdá. "Ao longo das sessões, o terapeuta me fez recontar a história da emboscada várias vezes", escreveu Morris. "Eu fechava os olhos e voltava ao Humvee* com a patrulha da Primeira Divisão de Infantaria do Exército, com o colete a prova de balas, ao som dos disparos dos explosivos, e de volta à caverna de fumaça que ameaçava nos engolfar para sempre. Era uma cena difícil de ser revisitada, emocionalmente desgastante." Ele esperava que, com o tempo, ao repetir a história vezes suficientes,

---

* Veículo Móvel Multifuncional de Alta Mobilidade. É um utilitário militar muito resistente. [N. T.]

pudesse se livrar do terror. Em vez disso, depois de um mês de terapia começou a ter problemas mais agudos: "Eu me sentia mal por dentro, o sangue quente nas veias. Eu já não dormia bem, e passei a ter insônia severa. Não conseguia ler, muito menos escrever. […] Era como se o meu corpo estivesse em guerra com ele mesmo". Quando o terapeuta de Morris não deu importância à ansiedade e à preocupação crescentes quanto à eficácia da EP, Morris largou a terapia, chamando o tratamento de "insano e perigoso".

Morris também critica a EP por focar um único acontecimento — o equivalente a, como notou de forma advertida, "avançar para uma única cena de um filme de ação e julgar todo o filme com base nela". Essa observação breve e rápida levanta um ponto muito importante sobre a EP e outras terapias catárticas: elas operam com uma crença implícita de que cada lembrança traumática é uma ilha isolada, um "tumor" muito específico que precisa ser removido, extirpado.

Essa visão coisificada e ilusória da memória traumática como algo a ser repetitivamente revivido para então ser extirpado descarta a *Gestalt* orgânica do corpo, da mente e do cérebro para integrar a totalidade dos encontros de um indivíduo com o estresse e o trauma, e também com o triunfo, a alegria e o bem-estar — ou seja, com o arco de desenvolvimento completo da vida. Sinto que é nesse ponto que as terapias de exposição prolongada erram o alvo. Embora, sem dúvida, ajudem algumas pessoas, prejudicam outras. É revelador que haja um índice de abandono tão alto de indivíduos que, como Morris, optam por não continuar devido à crescente aflição. Mas vejamos uma história rápida de ab-reação e trauma.

A ab-reação — derivada do alemão *Abreagieren* — refere-se a reviver uma experiência para purificá-la dos excessos emocionais.[31] A eficácia terapêutica disso tem sido comparada a "limpar ou espremer um furúnculo". Perfurar a ferida libera o "veneno", permitindo a cura. Assim como o processo de limpeza é doloroso, reviver o trauma pode ser angustiante ao extremo. De acordo com esse tipo de analogia, espera-se que a ferida recém-aberta cicatrize. No entanto, isso não impede a reinfecção e, infelizmente, como Morris narrou com tanta propriedade, ela pode acontecer. E, embora a Somatic Experiencing® — a abordagem que usei com Jack e Ray — trabalhe de modo bem mais gentil com as memórias procedurais, nenhuma terapia é infalível. Contudo, seu processo mais lento e titulado oferece uma margem maior de segurança, o que diminui a probabilidade de traumatização quando comparada à EP e a outras terapias catárticas. Espero, de verdade, que os terapeutas que usam métodos de exposição utilizem algumas das ferramentas descritas aqui para orientar e desenvolver o trabalho terapêutico.

Freud possivelmente acreditava que as emoções reprimidas, conectadas a um trauma, seriam liberadas ao se falar sobre elas; essa "descarga" do efeito traumático aconteceria ao "centrar a atenção num momento ou num problema específico".[32] Esse método tornou-se a abordagem de Freud para tratar os (então chamados) sintomas da conversão histérica.[33] Na época da Segunda Guerra Mundial, a hipnose e o fenobarbital (ab-reações por narcóticos) eram usados para provocar catarses emocionais intensas. No entanto, esses métodos foram abandonados porque os resultados muitas vezes eram deletérios ou, pelo menos, de curta duração. Curiosamente, um dos pacientes do Hospital Naval Balboa em San Diego, em 1943, foi o escritor de ficção científica L. Ron Hubbard, que mais tarde fundou a Cientologia. Hubbard reivindicava que "a limpeza" (a eliminação dos acontecimentos traumáticos pelas técnicas da Cientologia) era uma descoberta dele — após ser ferido em batalha.[34] Não é de admirar que não tenha havido nenhuma menção à terapia (com certeza, catártica) que ele recebeu no Hospital Naval de San Diego, em 1943.

Nessa quase evolução das terapias catárticas, Joseph Wolpe apresentou uma forma gradativa da terapia de exposição nos anos 1950.[35] Esse tipo de terapia foi a princípio designado para o tratamento das fobias simples, como medo de altura, cobras ou insetos. Durante o procedimento, a pessoa era exposta à imagem de uma aranha (ou era levada a imaginar uma) repetidas vezes, e a cada vez se aproximava um pouco mais do "objeto temido", até que a carga fosse "sangrada". A terapia da exposição prolongada (EP), desenvolvida por Edna Foa e seus colegas na Universidade da Pensilvânia nos anos 1980, edificou-se sobre o método prototípico de Wolpe para eliminar fobias simples. No entanto, visando ao tratamento do TEPT e de outros traumas diversos, a EP assumiu um fenômeno muito complexo e fundamentalmente diferente daquele evidenciado nas fobias simples. Baseia-se na ideia de que após as experiências traumáticas, como emboscadas por dispositivos improvisados, explosões, acidentes aéreos e agressões sexuais, os sobreviventes podem "superaprender" com o acontecimento, permitindo que os medos decorrentes do trauma ditem o comportamento no cotidiano.

Acredito que reaproveitar uma terapia — originalmente concebida para fobias simples — para tratar traumas, que são muito mais complexos, talvez seja uma aplicação errônea desses métodos iniciais.

O EPÍLOGO DE RAY

Alguns de nós acreditamos que o suportar nos torna fortes, mas às vezes é o soltar.
— Hermann Hesse

Um homem, quando não sofre, mal existe.
— Antonio Porsche

Devem existir pessoas com quem podemos nos sentar e chorar e, ainda assim, ser vistos como guerreiros.
— Adrienne Rich

Como vimos com Ray, existem outros métodos bem menos violentos do que a EP para tratar o trauma e que operam de um modo bem distinto. A Somatic Experiencing®, a abordagem que utilizo aqui, não trata de "desaprender" resultados superaprendidos do trauma pela repetição, mas de *criar novas experiências* que contradigam os sentimentos avassaladores de impotência.[35,36] A transformação de Ray foi muito além de desaprender ou entender sua resposta ao trauma e seu processo de pensamento. Teve que ver com completar (e, portanto, "renegociar") o choque explosivo no corpo e, em seguida, "dissolver" e processar as emoções petrificadas de raiva, pesar e perda mantidas nas profundezas da psique e da alma.

Como demonstrado na apresentação do caso, a resolução da sua fixação no choque/fechamento envolveu o revisitar gradual (e a completude) das respostas de orientação e de hiperproteção à explosão. Essas reações protetoras inatas incluem esquivar-se, flexionar e apoiar. Se tivéssemos trabalhado de imediato e apenas com a culpa, a raiva e a tristeza, teria sido, na melhor das hipóteses, improdutivo ou, na pior, contraproducente, possivelmente intensificando a reação de choque e envolvendo, mais uma vez, a repetição desencorajadora dos tiques e dos movimentos parecidos com convulsões. Trabalhar com memórias procedurais e emocionais exige monitoramento e acompanhamento cuidadosos das respostas corporais do indivíduo. Essas respostas incluem gestos, microexpressões faciais (que indicam estados emocionais transientes) e ajustes posturais, e também sinais autônomos, como fluxo sanguíneo (vasoconstrição e dilatação percebidas pelas alterações na coloração da pele), frequência cardíaca (identificada pela pulsação da carótida) e alterações espontâneas na respiração.

A sessão inicial progrediu por meio de uma importante sequência de observação e envolvimento. A primeira fase foi notar que o olhar dele estava voltado para longe de mim e para o chão. Foi importante, nesse momento, não forçar ou mesmo convidar ao contato visual. É provável que isso tivesse sido ainda mais angustiante e causado fechamento, vergonha e desconexão maiores. A fase 2 consistiu em guiá-lo por uma introdução gradual às sensações corporais sem que a experiência o sobrecarregasse. A fase 3 envolveu um desacoplamento da sequência emaranhada de contrações neuromusculares resultantes das sucessivas contrações dos olhos, do pescoço e dos ombros em reação à explosão. Essas contrações resultaram da tentativa do corpo de primeiro se orientar e depois se defender das ondas de choque das duas explosões. Isso envolveu contrações de todos os músculos flexores do corpo, um reflexo herdado dos nossos ancestrais arbóreos: curvar-se como uma bola compacta é como os bebês primatas se protegem quando caem das árvores. Na idade adulta, isso pode proteger, também, contra golpes no abdômen.

A transição entre as fases 2 e 3 aconteceu por meio de um trabalho de aumento da consciência perceptiva com os músculos da mandíbula e então com o rastreamento guiado dos olhos. Com esses exercícios bem simples de conscientização, ele sentiu, quase de imediato, formigamento, calor, respiração fácil e relaxamento profundo. A fase 3 ocorreu durante as quatro sessões seguintes. Na quarta sessão, a resposta de sobressalto ("Tourette") esteve quase ausente e foi possível começar a acessar e a processar as *memórias emocionais* de culpa, raiva, pesar e perda. O trabalho final aconteceu no contexto de uma experiência grupal no Instituto Esalen. Lá, com o apoio dos membros do grupo, Ray foi capaz de aprender a direcionar e a conter a raiva. Essa experiência contida permitiu que ele recanalizasse e transformasse a raiva em força e agressão saudáveis — em outras palavras, na capacidade e na energia para se mover em direção ao que precisava na vida. Por fim, essa mudança abriu os portais para os sentimentos mais suaves de pesar e perda e para o desejo de se conectar emocionalmente com outros.

Se eu tivesse induzido Ray a ab-reagir a explosão dos dispositivos improvisados com os sons, a fumaça e o caos (como na terapia de exposição prolongada de Morris), isso só teria reforçado e intensificado a resposta de sobressalto e o levado a se trancar ainda no corpo. De fato, em 2014, um dos episódios do programa *60 Minutes* mostrou um grupo de soldados se submetendo à EP. No final, ao perguntarem ao soldado se ele se sentia melhor, ele respondeu algo parecido com "acho que sim" — é bem provável que não quisesse ofender uma autoridade. No entanto, para qualquer um capaz de entender a linguagem corporal, era nítido que ele estava bem mais angustiado e fora levado a se fechar ainda mais.

Se eu tivesse pressionado Ray para tentar lidar com sua raiva, culpa e tristeza antes de abordar e resolver a resposta global do sobressalto, é provável que essas emoções intensas tivessem sido reforçadas, talvez levando a uma retraumatização. Daí a natureza essencial da sequência, orquestrada com cuidado, de primeiro atenuar a resposta de choque-sobressalto e então, pouco a pouco, com uma proximidade maior e o apoio do grupo, ajudar Ray a acessar os seus sentimentos e a se reconciliar com eles. Foi essa sequência que permitiu a Ray transferir sua lealdade e sua vulnerabilidade à família, bem como aos outros veteranos com quem teve contato. Esse compromisso e envolvimento era o seu novo dever. Obrigado, Ray, um fuzileiro naval digno de orgulho, pelos seus dois serviços.

7. A ARMADILHA DA VERACIDADE E A CILADA DA FALSA MEMÓRIA

Traga [à tona] o passado, [mas] só se for construir com base nele.

— Doménico Estrada

Pensem na minha desventura com a Laura no parque Mythenquai, descrita no capítulo 4, onde confundimos crianças que brincavam nos bambuzais com um predador não identificado nos observando. Fomos vítimas da tendência evolutiva aos falsos positivos; a, inicialmente, perceber perigo ainda que ele seja improvável. Na natureza, como aconteceu aqui, a consequência de uma avaliação falso-positiva é bem pequena. Por esse motivo, somos programados para perceber o perigo, seja ele provável ou improvável.

Considerando essa tendência irresistível de esperar pelo perigo, é fácil avaliar como aferimos a seriedade de uma ameaça pela intensidade da emoção negativa associada a ela. Simplificando, quanto mais intenso é o medo ou a raiva, maior é a propensão a considerar como verdadeira a avaliação de ameaça, isto é, a vê-la como um perigo real ao qual devemos reagir — com tudo — com as respostas básicas de sobrevivência de fuga ou luta. Em outras palavras, *equiparamos veracidade a intensidade emocional*. Os nossos sentimentos alimentam as nossas crenças; as nossas crenças reforçam os nossos sentimentos. Esse ciclo de *feedback* positivo, uma "armadilha da veracidade", é relevante para entender o potencial para gerar falsas "memórias recuperadas" na terapia. Além disso, essa armadilha é reforçada pela forte tendência da mente de "oferecer" imagens que, de certo modo, parecem nos explicar o que sentimos. Por exemplo, se um indivíduo passou por um procedimento médico aterrorizante na infância e agora *ab-reage* as intensas emoções de terror e raiva, talvez ele visualize (de modo errôneo) essa violação corporal original como tortura ou estupro. Essa confusão pode ocorrer se a enxurrada de emoções fortes estiver pareada com as interpretações do terapeuta, ou com os temas coletivos de abuso do grupo. É provável que o cliente se agarre a essas sugestões primárias, tenha um "flashback" induzido (convocando uma inundação ainda maior de emoções) e então registre essa interpretação como certa ou fatual. Devido à nossa capacidade reduzida de recuar, observar e avaliar quando experimentamos emoções intensas, somos arrastados com facilidade para essas atribuições potencialmente falsas. Ficamos então cada vez com mais certeza de que essas coisas de fato se passaram conosco, às vezes até mesmo quando são improváveis.

Essas ciladas nos advertem sobre como tais atribuições errôneas podem contribuir para que a terapia seja prejudicial e destrutiva. As imagens e as histórias que atrelamos a experiências com grande carga emocional não só nos predispõem às falsas memórias, como também dificultam o avanço na vida. Desnecessário dizer que também devemos reconhecer que, de fato, o abuso infantil ocorre com frequência; isso é inquestionável. No entanto, na terapia, o interesse principal não deveria ser a veracidade ou não das memórias. O fundamental é reconhecer que o cliente está preso num engrama impresso no cérebro e no corpo — numa memória procedural e emocional que domina os seus sentimentos, o seu humor e os seus comportamentos. Portanto, em ambos os casos, seja a atribuição verdadeira ou construída de modo equivocado, devemos compreender que o impacto e o significado dessas experiências contêm verdade e valor. Temos o dever, como terapeutas e facilitadores, de ajudar os clientes a liberarem a vasta energia de sobrevivência contida no sistema nervoso — sem importar as especificidades do trauma — para que eles possam se expandir numa liberdade crescente e pacificamente graciosa.

A "ARMADILHA DA VERACIDADE"

O que se segue é uma ilustração habitual da "armadilha da veracidade" e de suas consequências deletérias no cotidiano. Lembre-se da última discussão desagradável que você teve com o cônjuge ou com um conhecido, ou, talvez, da última vez que observou uma discussão acalorada e "furiosa". Uma testemunha imparcial, observando de fora, logo percebe como, na medida em que a discussão se intensifica, cada pessoa fica mais entrincheirada na sua posição e mais ameaçada pela perspectiva do outro. Essa espiral emocional crescente de veemência convence ambos os antagonistas de que eles estão certos e de que o outro está errado — o que eles sentem é verdadeiro e, portanto, o que o outro sente (ou no que acredita) é absoluta e perigosamente falso. Essa tendência polarizadora de acreditar na *verdade exclusiva* das nossas convicções, em especial quando são acompanhadas de emoções intensas, é a essência da indignação justificada. Para uma ilustração do efeito da veracidade, basta sintonizar nos programas de rádio AM ou nos canais de TV políticos, sejam eles de esquerda ou de direita. Os comentaristas exploram o poder da raiva para vender a sua mercadoria política enquanto pregam para os rebanhos.

Examinemos um exemplo bem diferente de como a verdade percebida de uma situação ou a tenacidade de uma crença é, com frequência, proporcional à intensidade da emoção associada a ela. Discutimos essa dinâmica relativa às emoções problemáticas de medo, terror, raiva ou fúria, mas ela também pode ser válida para as emoções positivas vividas com intensidade, como o contentamento ou o êxtase. De fato, esse talvez seja um lado sombrio do fervor religioso — ao vivenciarem um êxtase religioso (muitas vezes provocado por rituais grupais que envolvem movimento e respiração intensos), as pessoas podem tomar a crença consensual como verdadeira, isto é, como sendo "a verdade". Como consequência disso, os "crédulos" ficam vulneráveis (em especial quando guiados por um líder carismático) para considerar todas as outras religiões (seitas, grupos etc.) como sendo intrinsecamente más e ameaças existenciais. Já não vimos suficientes cruzadas e guerras violentas motivadas por tal intensidade emocional fervorosa?

Em suma, é crucial compreender quais são as implicações clínicas da tendência à avaliação falso-positiva — vantajosa em termos evolutivos — e como a veracidade percebida se acopla às emoções intensas. No contexto terapêutico, bem como no extremismo religioso e na biologia evolutiva, quanto mais veemente é a emoção, mais ela valida a autenticidade das nossas convicções. Portanto, quaisquer imagens, sugestões ou crenças que experimentamos com uma emoção calorosa parecem verdadeiras, ou seja, fatuais. A terapia da "memória recuperada", envolvendo a catarse emocional intensa, com frequência envolve esse mesmo tipo de escalada. Por essa razão, as amálgamas das memórias convocadas (isto é, sensação, mais emoção, mais imagem) são com frequência percebidas como verdadeiras e fatuais, independentemente de sua veracidade. Se for uma memória recuperada horrível, ocorre uma intensificação extrema do estado emocional nesse momento. Esse atrelamento à verdade percebida é bem mais provável quando outros membros do grupo expressam os próprios horrores, terrores e fúria. Também podemos ser vulneráveis a uma insinuação oportuna, sugestiva, ou a uma pergunta indutora oferecida pelo terapeuta.[*] Além disso, com a oferta de mais imagens e sugestões, a angústia torna-se mais aguda. Essa escalada emocional interativa pode, por sua vez, convocar lembranças que pareçam mais "verdadeiras". Quanto mais intensas são as sensações e as emoções associadas a elas, mais nos apegamos à (aparente) veracidade de uma lembrança, e mais defensivos ficamos se essa crença é desafiada. Essas atribuições podem assumir uma convicção quase religiosa, interferindo diretamente na resolução terapêutica e no impulso para avançar. É por essa razão que as memórias traumáticas devem ser abordadas a partir de uma experiência de relativa calma, segurança e presença (no aqui e agora). Embora parte disso talvez pareça repetitivo, esses

---

[*] Para os praticantes da hipnoterapia (ou hipnoanálise), costuma haver um fator de sugestionabilidade intrínseco. De fato, a definição de hipnose é, às vezes, de um estado de sugestionabilidade aumentada. Por isso, esse tipo de terapia requer muito treinamento, habilidade e cautela.

conceitos são uma dimensão tão potente das terapias do trauma, e tantas vezes não reconhecida, que nunca é demais reforçá-la.

Diante do exposto, é essencial também reconhecer e considerar a incidência alarmante do abuso sexual e dos seus efeitos duradouros e corrosivos. Nos Estados Unidos, na atualidade, existem mais de 39 milhões de adultos (de todas as raças e níveis socioeconômicos) que sobreviveram a abusos sexuais na infância. Esse não é um acontecimento raro; é uma traição muito confusa que deve ser abordada de modo sensível e completo na terapia. A cura dessa ferida sagrada inclui, em última análise, a recuperação da capacidade para o prazer e para uma sexualidade íntima e alegre.[37]

SOBRE A MANIPULAÇÃO DA LEMBRANÇA

Em 1989, atendi um jovem, "Brad", que teve uma séria depressão depois de passar por uma terapia de "recuperação de memórias". Após uma avaliação preliminar, a terapeuta o diagnosticou prontamente como vítima de abuso ritual. Suas palavras literais foram; "Lamento lhe dizer isso, mas os seus sintomas são quase idênticos aos dos meus pacientes abusados em rituais". Durante um ano após o "diagnóstico", Brad participou da terapia de grupo com essa terapeuta. Acompanhado de violentas ab-reações emocionais, ele recuperou várias "lembranças" muito parecidas com as dos outros membros do grupo que receberam um diagnóstico semelhante.

No nosso trabalho, apresentei-lhe a consciência corporal e ensinei-lhe alguns exercícios básicos de aterramento e centramento.[38] Mostrei-lhe também como rastrear as sensações conforme elas surgiam no corpo. Com o desenvolvimento dessas habilidades e com algumas garantias tranquilizadoras de que não faríamos uma escavação de memórias, mas daríamos continuidade à exploração das *sensações corporais no aqui e agora*, juntos, aprendemos sobre vários matizes do seu mundo interoceptivo. Após 15 ou 20 minutos desse rastreamento de sensações, levei a atenção dele para um leve arqueamento na lombar que eu observara. Ao tomar conhecimento desse ajuste postural emergente, ele relatou uma sensação muito perturbadora e de medo que acompanhava o arqueamento. Junto com uma retração espontânea na pelve, ele relatou que os genitais estavam "adormecidos". Na verdade, se Brad tivesse recebido uma pergunta sugestiva nesse momento, é provável que uma "memória falsa" tivesse surgido com facilidade.

Em vez disso, eu o encorajei a primeiro sentir as extremidades (mãos e pés) e então alternar o foco entre as sensações periféricas (que lhe pareciam neutras e até de aterramento) e as sensações perturbadoras nos genitais. Esse processo lhe proporcionou um "distanciamento" suficiente para não ser dominado pelas sensações aflitivas. A alternância entre o aterramento nas extremidades e a contração e o entorpecimento desagradáveis nos genitais aumentou sua tolerância ao desconforto. Isso promoveu a capacidade de permanecer focado nas sensações corporais.

O ir e vir interoceptivo também permitiu que as sensações que acompanhavam o arqueamento e a retração se desdobrassem. De repente, surgiu uma imagem clara da sua mãe, sem graça e sem jeito, puxando abruptamente as bandagens que envolviam o seu pênis. Ele se lembrou dela fazendo um curativo e limpando de modo brusco a ferida da circuncisão à qual precisou se submeter aos 12 anos. É impossível saber com certeza se esse foi de fato o acontecimento que precipitou a depressão, mas eu não questionei a imagem. Pelo contrário, nós a integramos à postura do arqueamento.

Encorajei Brad a seguir o movimento protetor de retração e então alternar a atenção entre o movimento e a imagem forte do rosto zangado e envergonhado da mãe. Essa retração continuou até atingir o arqueamento completo e a conclusão. Brad então sentiu uma onda poderosa de liberação e alívio. Ela foi acompanhada de tremores e de uma inspiração profunda e estremecedora, seguida de uma expiração completa e espontânea. Ele enfim era capaz de se proteger — tanto do tratamento brusco da mãe quanto da profunda falta de sintonia e da manipulação equivocada da ex-terapeuta. Dessa vez, no lugar das ab--reações violentas que vivenciou no grupo várias vezes, uma lágrima solitária expressou a tristeza, a raiva e o alívio. Ele agora era capaz de reconectar a "memória do corpo" a uma narrativa coerente, uma que ele poderia compartilhar com outra pessoa. Por fim, ele compartilhou o seu relato com um promotor público e, num ato de revanche bem justificada (completando sua resposta de autoproteção), contribuiu com o seu testemunho numa audiência de *mala praxis* que culminou com a suspensão da licença da terapeuta.

Retornando brevemente ao poder das memórias falsas tomadas como verdadeiras, mesmo quando é possível provar a sua falsidade, vejamos um exemplo particularmente sinistro da implantação deliberada de memórias falsas: usando (abusando) de pressão intensa e agressiva, e instilando medo extremo nos suspeitos que entrevistam, os policiais introduzem de modo deliberado na história de um suspeito um elemento que eles sabem ser falso (ou pelo menos inconsistente). Então, quando o suspeito é interrogado em momento posterior, às vezes ele conta a versão do interrogador, *acreditando que é verdadeira, que é a sua própria versão.*

Em muitos casos, fica claro que as memórias falsas se enraízam de modo tão profundo nos suspeitos que as inconsistências são usadas contra eles pela acusação para obter o que, em muitos casos, são convicções falsas. De modo surpreendente, uma proporção significativa desses indivíduos inocentes passa a acreditar que é culpada. As memórias falsas recém-implantadas podem perdurar pela vida toda, embora alguns condenados inocentes percebam que foram enganados — infelizmente, tarde demais, e somente quando as evidências de DNA ou as retratações das testemunhas tenham provado a inocência deles.*

A utilização apavorante de métodos atrozes de interrogatório policial é um exemplo claro da implantação deliberada de memórias falsas. No entanto, como já notado, memórias falsas tão potentes e duradoras como as de Brad também são implantadas de forma inadvertida até mesmo por uma sugestão mínima do terapeuta.

---

* Assistir à série *Rectify* (Sundance TV) para um tratamento matizado dessa confusão.

Algumas vezes, a sugestão a princípio inócua é oferecida como uma pergunta benigna — como "pode me falar um pouco sobre o relacionamento com o seu pai?" — num momento em que o indivíduo experimenta sentimentos associados a algum tipo de violação. Esses erros terapêuticos ocorrem com maior probabilidade quando os clientes estão em estados de extrema agitação, em especial quando vivenciam níveis intensos ("incontidos/ilimitados") de medo/terror ou de raiva/fúria.

A vulnerabilidade à criação das memórias falsas também se deve, em grande parte, à necessidade frequente e desesperada das pessoas, quando estão aflitas, de explicar para si mesmas o *porquê* de sentirem essas sensações e emoções tão perturbadoras. Essa "compulsão por explicação" deriva do nosso imperativo baseado na sobrevivência de buscar nos bancos da memória qualquer informação anterior que ofereça estratégias motoras relevantes (engramas da memória procedural que foram bem-sucedidos no passado) para reforçar a sobrevivência no momento.

No entanto, na terapia, o estado angustiado do cliente pede uma solução para *a experiência de se sentir ameaçado*. A busca dessa solução o leva a vasculhar os bancos da memória à procura de qualquer estratégia bem-sucedida que neutralize as configurações de ameaça semelhantes. Esse "sistema de busca" convincente se agarra a qualquer sensação, imagem ou comportamento (marcadores somáticos e engramas) que de algum modo corresponda à experiência desse momento. Como mencionado antes, o propósito desse impulso biológico é capturar uma estratégia bem-sucedida para mediar a angústia atual (ameaça percebida). Porém, esses marcadores somáticos se mantêm reativados na ausência de ações protetoras e de uma defesa clara. Em vez de o estado de ativação diminuir por meio da ação eficaz, as sensações e as imagens reativam um estresse cada vez maior, gerando um ciclo de *feedback* positivo de ativação crescente que se retroalimenta, bem parecido com a microfonia quando se aponta um microfone para um alto-falante (ver figura 5.1, na p. 83). Sem a condução de um terapeuta esclarecido, esse processo reiterativo continua até o indivíduo ser arrastado para um ciclo cada vez mais intenso de estresse, fúria, terror, sobrecarga e desespero. Sem qualquer saída (na ausência da ação eficaz), ele é engolido pelo infindável reviver do trauma.

SAINDO DO BURACO NEGRO DO TRAUMA

Como ilustrado nos capítulos 5 e 6, o primeiro passo para guiar um cliente para fora do vórtice do trauma e para longe da "compulsão por explicação" destrutiva é reduzir a ativação atual para um nível bem menos estressante. O segundo passo é trabalhar com as sensações para que ele possa acessar a resposta sensório-motora incompleta e começar a experimentar a completude de forma interoceptiva, tendo por base a *ação e a sensação*. Esses dois elementos — uma calma relativa e uma ação corporificada — interrompem o ciclo do *feedback* positivo com suas consequências negativas de retraumatização. Reiterando, quando somos capazes de recuar, observar e reduzir a intensidade de nossas sensações e emoções, temos a possibilidade de também selecionar e modificar as próprias respostas de sobrevivência.

A Somatic Experiencing® "despotencializa" (desarma) as perturbadoras memórias procedurais implícitas ligadas ao trauma, por meio da titulação e da convocação de experiências interoceptivas de apoio e de empoderamento. Juntos, terapeuta e cliente reduzem e regulam os estados extremos de agitação, facilitando a completude das respostas biológicas defensivas. No contexto seguro e de apoio criado pelo terapeuta, o cliente é capaz de completar a resposta defensiva frustrada por meio de imagens e movimentos (internos) sutis. Com frequência, isso é acompanhado de descarga autônoma na forma de calor, tremores suaves, lágrimas e outros movimentos espontâneos. Assim que ocorre a experiência proprioceptiva da completude biológica, as memórias perdem a carga intensa (se despotencializam). Elas agora podem ser integradas à linha do tempo do hipocampo (autobiográfica) como lembranças comuns (ver figura 7.1, a seguir).

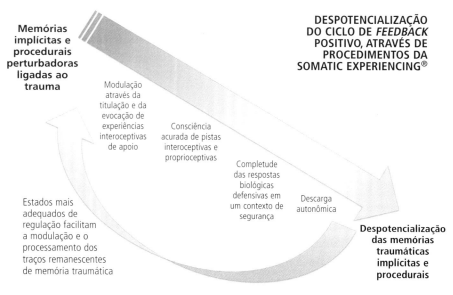

Figura 7.1. Despotencialização das memórias procedurais e emocionais baseadas no trauma.[39]

O que se segue é uma exploração da orientação necessária para interromper o ciclo corrosivo do *feedback* que aprisionou Brad durante a terapia de recuperação de memórias. Essa revisão incluirá um breve resumo dos aspectos fundamentais da "renegociação" do ciclo de estresse. Em nossa sessão, Brad e eu fomos capazes de trabalhar de maneira mais calma, centrada e gradual, o que lhe permitiu se reconciliar com as lembranças bastante perturbadoras que o assombravam. Vale a pena notar que mesmo antes da experiência grupal da "recuperação de memórias", Brad claramente teve depressão. Esse foi o seu ímpeto original para buscar tratamento. No entanto, a depressão durante o ano da terapia de "recuperação de memórias" tornou-se profunda e ininterrupta.

O novo resultado foi possível através de, em primeiro lugar familiarizá-lo o suficiente com as sensações corporais do aqui e agora e restringir sua compulsão por identificar de imediato a fonte do seu trauma. Esse foco inicial no corpo e a desativação de seu medo/carga permitiu que ele começasse uma exploração gradual das sensações perturbadoras sem se sobrecarregar, e sem ser sugado para o buraco negro do trauma, como ocorrera várias vezes durante as sessões de "recuperação de memórias". Dessa forma, a consciência interoceptiva presente (dos marcadores somáticos) permitiu que ele descobrisse novas ações corporificadas que poderiam ser trabalhadas de modo produtivo (ver figura 7.1, na página anterior). Lembre-se de que, com a consciência da retração da pelve e dos genitais, ele experimentou algum tipo de ação contra o modo desajeitado e doloroso de a mãe tratar a ferida da circuncisão. Esse tipo de empoderamento com base somática poderia ter sido experimentado independentemente de a memória ter relação com os cuidados brutos e insensíveis da mãe ou advir de outras formas de abuso sexual. Mais uma vez, foi a estabilização da experiência do aqui e agora que lhe permitiu acessar a memória *procedural* sob aquelas sensações e imagens perturbadoras, e descobrir as ações protetoras que ele precisava completar a fim de passar do estresse ao empoderamento. Esse é um exemplo claro do que discuti no capítulo 4 sobre a "renegociação".

UMA CONFISSÃO INOPORTUNA

Confesso que me culpo pela implantação inescrupulosa de uma memória falsa. O meu encontro pessoal com a manipulação da memória aconteceu quando eu tinha cerca de 10 anos. Eu assisti a um show de mágica e fiquei fascinado não só pelos truques como também pelas fantásticas habilidades hipnóticas do mágico. Fiquei intrigado com a sua habilidade de colocar uma mulher em "transe" e fazer que ela realizasse todos os tipos de coisas, inclusive beijar a sua bochecha e cacarejar. No meu aniversário, é claro, pedi de presente um kit de mágica. Quando a nossa babá, Michelle, chegou naquela semana para tomar conta dos meus irmãos e de mim, decidi praticar as novas habilidades. Passei a "hipnotizá-la" do mesmo modo que vi o mágico fazer. Dei à Michelle a "sugestão pós-hipnótica" para cacarejar e tirar a roupa. Numa contagem regressiva de 10 a 0, eu a incitei a abrir os olhos. Ela olhou ao redor com uma expressão confusa, enquanto os meus irmãos e eu confirmamos que ela de fato fizera esses atos ultrajantes. Ela parecia muitíssimo envergonhada, embora permaneça a possibilidade de que tenha apenas feito uma brincadeira conosco. Mas, infelizmente, creio que não. Parecia bem claro que os meus irmãos e eu implantamos de fato, para o desgosto dela, uma falsa e embaraçosa memória.

De qualquer forma, o trabalho de Elizabeth Loftus e dos seus colegas (mencionado no capítulo 1) demonstra que a implantação de falsas memórias e também de "falsas memórias traumáticas" é realizada com facilidade por meio de diferentes técnicas sugestivas. Embora os terapeutas precisem permanecer vigilantes quanto à possibilidade de gerar memórias espúrias, o que Loftus parece não considerar é a natureza crucial e a importância (e fixação) das memórias procedurais no trauma. E talvez ela também não avalie por completo as implicações terapêuticas de como as memórias estão inerentemente num fluxo constante, sendo reescritas várias vezes na vida de um indivíduo, conforme avançam rumo a mais empoderamento e paz. A verdadeira pergunta é: com que finalidade e por quem as memórias são reescritas?

8. MOLÉCULAS DA MEMÓRIA

RECONSOLIDAÇÃO: A ALQUIMIA DA MEMÓRIA

> A função do cérebro é selecionar do passado, diminuí-lo, simplificá-lo, mas não preservá-lo.
>
> — Henri Bergson, *Le souvenir du present et la fausse reconnaissance*

Na década de 1950, o famoso psicólogo experimental Donald O. Hebb tentou descrever os mecanismos neurais da memória, identificados pela mnemônica e tão utilizada frase: "Células que disparam juntas, fiam juntas".* Toda e qualquer lembrança se origina de uma *mudança na conectividade entre as células cerebrais*. Para que haja uma memória, células previamente independentes devem se tornar mais sensíveis à atividade das outras. Hebb propôs que, quando ocorre essa sintonia, os neurônios se comunicam com mais facilidade, transmitindo a excitação elétrica por meio de uma sinapse quimicamente mediada (fenda intersináptica) para os dendritos (receptores) do próximo neurônio contíguo.[40]

As pesquisas iniciadas na década de 1970 esclarecem ainda mais os mecanismos moleculares da transmissão sináptica, em especial com o trabalho de Eric Kandel, que lhe rendeu o Prêmio Nobel. Nas investigações com a célula nervosa simples e "gigante" da pequena lesma-do-mar (*Aplysia*), ele descobriu que os reflexos do molusco

---
* Essa expressão específica foi codificada por Carla Shatz em 1992.

podiam se modificar por vários tipos de condicionamento. Esse aprendizado envolvia alterações na maneira como as células nervosas se comunicam umas com as outras.

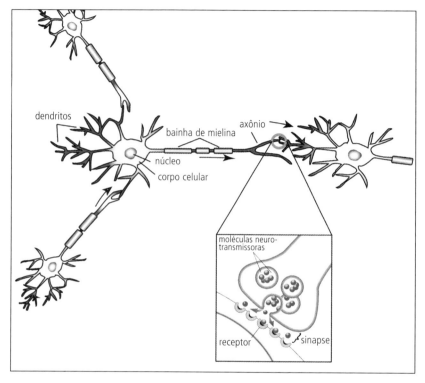

Figura 8.1. Sinapse básica

Kandel estudou a memória de curto e de longo prazo no neurônio da lesma. Com a pesquisa, ele começou a desvendar o mistério do que acontece quando as impressões de curto prazo ("sensibilizações") se tornam traços da memória de longo prazo ("potencializações"). Ele descobriu que as facilitações de curto prazo envolvem mudanças efêmeras na condutividade sináptica entre as células, mas sem mudanças anatômicas reconhecíveis. Por outro lado, a memória de longo prazo envolve mudanças funcionais e estruturais duradoras que resultam do crescimento de novas conexões sinápticas. Essas mudanças incluem a adição de novos receptores no dendrito (pós-sináptico) do neurônio seguinte. Elas também resultam numa maior liberação de neurotransmissores usados pelas células nervosas para se comunicarem. É possível que os neurônios até gerem novos canais de condução iônica ao longo dos axônios. Esses novos canais permitem gerar mais voltagem, incitando um aumento na velocidade de condução e uma liberação maior de neurotransmissores na fenda intersináptica. De modo conjunto, *todas* essas mudanças anatômicas e funcionais levam a uma potencialização de longo prazo, isto é, ao armazenamento da memória de longo prazo. Elas constituem o que é chamado de *fase de consolidação* da memória.[41]

Cerca de 40 anos após esse trabalho seminal de Kandel, um jovem pesquisador de pós-doutorado, Karim Nader, que trabalhava no laboratório de neurobiologia de Joseph LeDoux (o reconhecido pesquisador que cunhou o termo "cérebro emocional"), começou a investigar a memória sob um ângulo diferente. Ele focava não só o que acontece quando uma memória se forma, como também o que ocorre após a sua criação quando tentamos *acessá-la* ("recordá-la"). Nader sabia, de pesquisas anteriores, que eram necessárias proteínas específicas para estabelecer as memórias, e se perguntou se proteínas similares também se formavam quando as memórias de longo prazo eram acessadas e relembradas *a posteriori*. Para testar essa hipótese, ele bloqueou por certo tempo a síntese da proteína de consolidação da memória no cérebro vivo de um rato de laboratório, para ver se isso resultaria numa memória alterada.

LeDoux era cético ao extremo em relação à pesquisa do seu aluno, argumentando que mesmo que Nader bloqueasse a síntese da proteína no rato durante a lembrança, o circuito original ainda estaria intacto; portanto, a memória também permaneceria intacta. Ele ainda ponderou que se Nader conseguisse induzir "amnésia" ao bloquear a síntese da proteína durante a lembrança, seria, na melhor das hipóteses, uma amnésia temporária. Uma vez que se removesse o bloqueio da síntese da proteína, a memória retornaria, pois a estrutura anatômica e as mudanças bioquímicas (formadas durante a potencialização de longo prazo) ainda estariam intactas.

Num experimento revolucionário, Nader ensinou alguns ratos a associar um som específico (neutro) a um subsequente choque elétrico doloroso. Depois de reforçar esse medo condicionado durante algumas semanas, Nader expôs os ratos ao som sem o choque subsequente. Os ratos continuaram paralisados, com medo do choque, exibindo as mesmas respostas de ativação fisiológica a que Nader os condicionara. Por si só, esse reflexo condicionado pavloviano de "correr sem sair do lugar" não foi uma surpresa. Porém, Nader repetiu o estímulo condicionado (só a exposição ao som), dessa vez depois de injetar uma substância específica inibidora da síntese da proteína direto na amígdala dos animais (o centro do medo no cérebro "emocional").[42] Nem ele nem o seu respeitável mentor conseguiam acreditar no que aconteceu quando ele ligou o som de novo. Nas palavras de Nader, "a memória de medo desapareceu; os ratos esqueceram tudo". A ênfase de LeDoux (e de Kandel) no paradigma da memória de estruturas anatômicas fixas e de bioquímica estática desmoronou com a clara demonstração, feita por Nader, da *recriação mutável da memória no processo de recordação*. Ao contrário do que o constrangido LeDoux previra, a relativa *ausência de medo* em resposta ao som permaneceu estável muito depois de o efeito da injeção ter passado. Nader tinha apagado de modo permanente uma memória de medo!

O ingrediente crucial no resultado notável de Nader foi o *timing* coordenado com precisão entre a aplicação do inibidor da proteína e a convocação de uma memória. Além disso, os ratos esqueceram *apenas essa única memória* (o som específico), aquela que eram forçados a lembrar durante o tempo em que estavam "sob a influência" do inibidor da proteína. O medo condicionado a outros sons não foi afetado, assim como outras memórias não relacionadas. A eliminação foi, de fato, bem específica àquele tom particular. Simplificando, *se novas proteínas não fossem criadas durante o ato de recordar, a memória original deixaria de existir!*

A implicação surpreendente da pesquisa inovadora de Nader é que as lembranças não são formadas e mantidas de modo inexorável, como se acreditava até então. Em vez disso, elas se formam e se reconstroem sempre que são acessadas, lembradas. Num artigo de 2012 sobre a pesquisa de Nader, Jonah Lehrer escreveu: "cada vez que refletimos sobre o passado, transformamos de modo delicado a sua representação celular no cérebro, mudando o circuito neural subjacente".[43] O recém-convertido mentor de Nader, LeDoux, concordou humildemente com esta apropriada afirmação: "O cérebro não está interessado em ter um conjunto de lembranças perfeitas do passado [...] ao contrário, a lembrança chega com um mecanismo de adaptação natural, que é como nos certificamos de que a informação que ocupa espaço valioso na mente ainda é útil. Isso pode tornar as nossas lembranças menos exatas, mas com certeza as torna mais relevantes ao presente e ao futuro [isto é, mais adaptáveis]".[44]

A mensagem a ser levada dessa empolgante linha de pesquisa é que o propósito do próprio ato de recordar é oferecer a oportunidade molecular para atualizar a memória com base na nova informação. Em outras palavras, essa é a essência não só de como o passado persiste no presente, mas também de como o presente tem a potencialidade de mudar (o que foi) o passado. Ao mudar as sensações e as imagens do presente, as lembranças que são acessadas se tornam mais empoderadas. Isso foi demonstrado de modo lúcido com Pedro no capítulo 5, com o bebê Jack e com Ray no capítulo 6 e também com Brad no capítulo 7. Quando o filósofo Søren Kierkegaard afirmou que "nem Deus pode mudar o passado", talvez tenha se equivocado, enquanto Henri Bergson, em 1908, acertou com a noção de que "a função do cérebro é selecionar do passado, diminuí-lo, simplificá-lo, mas não preservá-lo"; ou seja, é atualizá-lo. A pergunta central passa a ser como utilizar os métodos naturalistas para ajudar as pessoas a alterarem suas lembranças e a se reconciliarem com elas.

Em suma, o ingrediente fundamental na farmacologia da eliminação da memória está no *timing* perfeito da administração da droga inibidora da proteína, junto com a evocação concomitante de uma memória específica. Parece provável que esse intervalo de tempo seja precisamente quando uma lembrança específica estaria também suscetível à alteração, à transformação e ao aprendizado por meio das intervenções naturalistas, somáticas e comportamentais. Nessas abordagens não farmacológicas, em vez de serem resgatadas e apagadas, as memórias são induzidas pouco a pouco, revisitadas de modo sequencial, retrabalhadas, atualizadas e aprendidas. É possível que essa "alquimia" naturalista da memória utilize a mesma oportunidade biológica temporal que vemos com as drogas de eliminação. O resultado, no entanto, contrasta nitidamente com o da eliminação, onde talvez se crie uma lacuna ou um buraco na composição da memória de uma pessoa. Essa extração pode, no fim das contas, enfraquecer a teia e a trama de uma narrativa coerente e de um senso unificado do "eu".

No modelo naturalista, por outro lado, durante o período fundamental da recordação e da reconsolidação mencionado acima, forças internas e capacidades na forma de memórias procedurais retrabalhadas (que eram sobrecarregantes ou ausentes no momento do trauma original) são acessadas, corporificadas, revigoradas e podem se completar e se expressar de modo pleno. Não foi exatamente esse o processo que testemunhamos com Pedro, Jack e Ray nos capítulos 5 e 6? Para Pedro, foi quando ele teve consciência da força na mão pela primeira vez — fechando-a para reunir forças e abrindo-a para alcançar e receber. Esses recursos dinâmicos inatos têm uma tendência a emergir quando são mobilizados, apoiados e sequenciados adequadamente — um fator vital que é negligenciado nas abordagens de eliminação e nos outros tipos de terapia do trauma.

Quando somos capazes de "olhar para trás", para uma memória traumática, de um lugar de empoderamento, a recordação se atualiza como se essa ação estivesse disponível e funcional no momento do trauma original. Essa experiência recém-reconsolidada torna-se então a nova memória atualizada onde a experiência somática do presente (empoderada) altera de modo profundo a memória (passada). *Esses recursos emergentes se tornam a ponte entre o passado e o futuro* — *o "presente relembrado/remembrado"*. Essa atualização da memória de modo algum remove a verdade de que um acontecimento traumático ocorreu e causou danos notáveis, e que o pesar e a raiva talvez sejam componentes importantes para restaurar a dignidade e honrar o eu de modo profundo. Dessa base de autocompaixão no momento presente, as memórias podem, aos poucos, ser suavizadas, remodeladas e reinseridas no tecido da identidade de um indivíduo. Isso traz à mente a antiga tradição japonesa de reparar antiguidades de porcelana quebradas reunindo os fragmentos com fios de ouro. O conserto das partes quebradas cria obras de arte transformadas de modo primoroso, assim como a cura das feridas do trauma dá origem ao mundo natural de fluxo e refluxo, onde o empoderamento, a harmonia, a autocompaixão e a dignidade são restaurados. O que poderia ser mais belo e valioso?

Figura 8.2. A tigela dourada

IMPLICAÇÕES TERAPÊUTICAS DO *TIMING*: UM RESUMO

1. O *timing* de quando se convoca uma memória é fundamental para influenciar o resultado ou para alterar seu impacto.
2. Nas terapias em que os clientes revivem os traumas várias vezes (como a terapia de exposição prolongada e o *debriefing* do incidente crítico), quando estão num estado corporal de medo, ativação ou angústia durante a recordação do acontecimento traumático, criam-se condições por meio das quais a memória estressante se

consolida, e é bem possível que seja reforçada e fortalecida, retraumatizando a pessoa.
3. Quando uma memória traumática vem à tona num ambiente terapêutico, existe uma ramificação de decisão temporal. A experiência corretiva (o resultado desejado) exige que o indivíduo esteja bem aterrado, regulado e empoderado antes de trabalhar direto com a memória traumática. Depois de se assegurar essa estabilização, a convocação bem-sucedida das respostas corretivas depende do *timing* e do ritmo da recordação da memória procedural. Além do mais, é essencial que o terapeuta continue a gerir, durante a sessão, a ativação do cliente e a assimilação das emoções associadas a ela.
4. Tenha em mente que a função adaptativa de recordar uma lembrança é atualizar a memória trazendo informações novas e relevantes e promovendo maior responsividade e capacidade de sobreviver — e de prosperar — nos desafios futuros. No que concerne às memórias traumáticas, que em geral são procedurais e emocionais, o segredo para se criar uma atualização positiva da memória é incorporar, de modo vivencial, as respostas motoras efetivas e baseadas na sobrevivência que foram avassaladoras na situação original e que levaram à falta da autoproteção naquele momento. Em outras palavras, no período crítico da recordação existe uma oportunidade não de apagar a memória, mas de evitar que ela se reconsolide na forma original mal adaptativa. Isso é feito com a introdução das novas experiências corporificadas empoderadas, como demonstrado nos casos de Pedro, do bebê Jack e de Ray, o fuzileiro naval. A reconsolidação é uma profunda oportunidade de transformar o fracasso traumático no sucesso corporificado. Essa é a essência das abordagens naturalistas efetivas para a transformação da memória traumática.

O que se segue é um exemplo de como a atualização oportuna das memórias serve ao preceito adaptativo da evolução de sempre atualizar a nossa capacidade de superar os predadores ou de contornar futuras circunstâncias ameaçadoras. Um filme encantador da BBC/National Geographic sobre a natureza mostra um leão perseguindo três jovens filhotes de guepardo. Escapando da morte no último instante ao subirem numa árvore, os filhotes aguardam, com paciente vigilância, até que o leão deixa a área. Então descem, um a um, e, revezando, perseguem os outros dois do mesmo modo que o leão fizera. No entanto, durante essa brincadeira, o telespectador se surpreende com a forma como os filhotes experimentam estratégias e permutas múltiplas da escapada bem-sucedida. Dessa forma, eles não só escaparam da situação de um modo específico, como também aprimoraram o desempenho e a probabilidade de escapar de futuros encontros predador/presa.

De modo similar, uma mulher que foi estuprada aprende pouco revivendo repetidas vezes o terror e o desamparo. No entanto, depois de cultivar a habilidade interna de gerenciamento, ela aprende a reconhecer quais os sinais e as oportunidades de fuga que talvez tenha ignorado ou perdido no encontro original traumático. Além disso, ela pode ser guiada a se reconectar com várias respostas instintivas empoderadoras que podem ser executadas no aqui e agora para neutralizar a sensação persistente de medo, desesperança e submissão. Ela não é mais uma vítima; tornou-se uma sobrevivente empoderada.

Observou-se que, se uma mulher estica as mãos e grita, de modo convincente, "Pare!" — marcando um limite forte e claro —, os estupradores admitem que seriam mais propensos a deixá-la em paz. Num estudo agora clássico, os pesquisadores pediram a criminosos violentos condenados que assistissem a um vídeo de pedestres caminhando numa rua movimentada em Nova York. Em poucos segundos, os criminosos puderam apontar os pedestres a que visariam. Ainda mais desconcertante foi o consenso entre os condenados sobre as vítimas potenciais — e tamanho, gênero, raça ou idade pareciam não ter importância. Embora os criminosos não estivessem conscientes do que, exatamente, os levava a escolher certas pessoas como alvo e a ignorar outras, os pesquisadores foram capazes de identificar vários sinais não verbais que comunicavam que o pedestre seria rendido com facilidade, incluindo a postura, o tamanho do passo, o ritmo da caminhada e a percepção do ambiente. No artigo de 2009 sobre o estudo, Chuck Hustmyre e Jay Dixit escrevem: "um dos principais precipitadores é um estilo de caminhar que denota falta de 'sincronia interacional' e 'inteireza'. Os perpetradores notam uma pessoa cujo andar carece de movimento organizado e fluido. Os criminosos veem tais pessoas como menos autoconfiantes — talvez porque os passos delas sugerem que estão menos em forma (e, possivelmente, mais traumatizadas) — e a probabilidade de explorá-las é maior".[45]

Retornando à recém-empoderada sobrevivente do estupro (mencionada anteriormente), vemos a importância fundamental de não se estar petrificado, dissociado e desorientado. Portanto, resolver o trauma por meio da consciência interoceptiva corporificada, e da completude das memórias procedurais de defesa não resolvidas (frustradas), restaura impulsos vitais de autoproteção, a orientação no aqui e agora, a coerência e o senso de confiança (e expressão) no fluxo. É possível especular sobre a semelhança entre as estratégias ampliadas dos filhotes de guepardo para escapar do predador e a proteção autoconfiante e ampliada dos sobreviventes de estupro.

TIPOS DE RECUPERAÇÃO DE MEMÓRIA E IMPLICAÇÕES CLÍNICAS

Revivência

Algumas terapias, como o *debriefing* de incidentes críticos (DIC) ou a terapia de exposição prolongada, encorajam o reviver de um acontecimento traumático, pressupondo que isso irá "dessensibilizar" o paciente para as emoções associadas a tal acontecimento. No entanto, pesquisa considerável sobre o DIC mostra que utilizar tal abordagem logo após uma situação traumatizante, quando as pessoas estão mexidas emocionalmente, na verdade a reforça, podendo levar a um estresse prolongado e à retraumatização.[46,47] Esse tipo de exposição repetitiva pode levar a uma compulsão por reviver e repetir,[48] ou seja, por criar um ciclo habitual que talvez se construa sobre uma reestimulação aditiva dos neuroquímicos da hiperexcitação (adrenalina) e/ou da dissociação (opioides).

Apagamento de memórias

Esse processo envolve apagar uma memória bloqueando a fase da reconsolidação por meio da inibição química da síntese de proteína. É possível que isso leve a uma lacuna, a um hiato no tecido da memória afetiva do indivíduo. Assim, pode haver uma perda da orientação contextual, em geral fornecida pelas memórias procedurais e pelas emoções associadas. O apagamento oferece possibilidades limitadas de se criar novas respostas e narrativas coerentes, cuja trama fornece a coesão dos diferentes elementos da identidade e da habilidade interna de gerenciamento do indivíduo. O que permanece do apagamento é a provável existência de gatilhos desconhecidos para as memórias procedurais inconscientes, que permanecem inexoravelmente alojadas na psique corporal do cliente, causando estresse contínuo e sintomas mercuriais de trauma.

Renegociação (abordagens naturalistas)[49]

Quando uma pessoa chega a uma sessão terapêutica atormentada por uma memória traumática, ela ou está num estado ativado (hiperexcitada) ou se sentindo fechada ou indefesa (hipoexcitada). (Ver figura 4.3, na p. 73.)

O terapeuta legitima a memória e pergunta ao cliente se ele está disposto a "colocá-la de lado" por um tempo, convidando-o a prestar atenção às sensações corporais presentes (aqui e agora). Reduz-se a ativação ou o colapso e restaura-se certa regulação. Só então a memória é recordada, revisitada e tocada sem que o cliente se sobrecarregue.

A partir da nova experiência de maior contenção, calma e capacidade, o indivíduo é guiado, de maneira gradual e cuidadosa, a revisitar a experiência de memória, um fragmento por vez (titula-

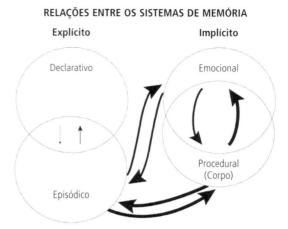

Figura 8.3. Integração do sistema de memória

ção). A cada contato com a memória ("revisitação"), segue-se uma normalização maior dos estados ativados, junto com uma capacidade aumentada e empoderada de resposta.

A nova experiência corporal elaborada é incorporada à experiência original, formando uma "nova" memória procedural atualizada. Agora, essa nova memória se reconsolida e a velha memória de sobrecarga e desamparo é "substituída em nível molecular" pela versão atualizada, empoderada.*

Munido das memórias procedurais e emocionais de competência e capacidade para a ação recém-criadas, o cliente é guiado a se orien-

---

* Algumas pesquisas surpreendentes com animais corroboram a potência da formação de novas memórias positivas. Num estudo, os pesquisadores demonstraram que estimular artificialmente uma memória positiva pode fazer que ratos (ratas, neste caso) saiam de comportamentos semelhantes à depressão. Nessa pesquisa recente, as células cerebrais que armazenavam uma memória positiva foram identificadas e posteriormente reativadas quando as ratas se estressavam. Em vez de ficarem deprimidas, como era o caso antes da estimulação da memória agradável, ao voltar à memória positiva, ainda que por apenas alguns minutos, as ratas deixavam de apresentar sinais de depressão (Steve Ramirez et al, "Activating positive memory engrams suppresses eepression-like behavior", *Nature*, n. 522, p. 335-9, jun. 2015. Disponível em: <https://doi.org/10.1038/nature14514>. Acesso em: 19 maio 2023.)

tar no aqui e agora e convidado a se engajar aos poucos com o terapeuta, por meio do contato visual. Os vários elementos da memória são explorados e compartilhados. Há uma integração das memórias emocionais, episódicas e declarativas numa narrativa coerente (ver figura 8.3, na página anterior). Esse processo aumenta a capacidade do cliente de autorreflexão e autocompaixão.

O ímpeto subjacente ao processo naturalista de transformação é o impulso potente e inato para a completude e a competência, uma aspiração induzida pela evolução ao sucesso e à perseverança, como visto nos estudos de estimulação do CMCa (ver capítulo 5).

A MUTABILIDADE DAS LEMBRANÇAS PASSADAS, PRESENTES E FUTURAS

Nas últimas décadas, vimos a aplicação extensiva do *debriefing* do incidente crítico e das técnicas de exposição prolongada com contraindicações e complicações significativas. Embora a abordagem naturalista de modificação das lembranças se apresente hoje como uma alternativa viável, requer o treinamento cuidadoso e dedicado dos clínicos para resultados efetivos, bem como a validação por meio de mais pesquisas para que seja considerada um padrão de cuidado baseado em evidências científicas. O potencial para um conserto "rápido e simples" pela química é o encantamento sedutor do apagamento da memória promovido pela indústria farmacêutica e pelas "ciências duras". Vejamos agora o que esse tratamento futuro pode acarretar.

O FUTURO DO APAGAMENTO DA MEMÓRIA — UMA LOUCURA DOS TOLOS?

> *Quão feliz é o destino da virgem imaculada!*
> *Esquecendo o mundo, pelo mundo esquecida.*
> *O brilho eterno da mente sem lembranças!*
> — Alexander Pope

Bem-aventurados os que esquecem:
eles obtêm o melhor até mesmo de seus erros.
— Friedrich Nietzsche

Quem não consegue lembrar o passado está condenado a repeti-lo.
— George Santayana

Vivemos numa época em que o apagamento das memórias traumáticas e dolorosas é uma possibilidade muito real.[50] No entanto, como veremos, os medicamentos "apagadores de memórias" estão repletos de armadilhas, raízes protuberantes e sofrimentos ocultos inerentes no admirável mundo novo da medicina da memória molecular. É um mundo desconhecido, cheio de riscos incalculáveis e consequências inesperadas. Não menos importante em relação a esses problemas é que, mesmo quando se apaga uma memória (de modo experimental) com intervenções moleculares, parece que o engrama da memória já encontrou o seu caminho para várias partes do cérebro — um verdadeiro labirinto onde fragmentos da memória ficam guardados e ocultos.[51] Como veremos (a seguir), são esses engramas das memórias ocultas que podem causar os maiores problemas.

Exploremos alguns dos problemas inerentes e dos sérios dilemas éticos associados ao apagamento da memória, como retratados no filme presciente, de 2004, *Eternal sunshine of the spotless mind* [*Brilho eterno de uma mente sem lembranças*]. O filme começa com os dois protagonistas, Joel e Clementine, interpretados por Jim Carey e Kate Winslet, aguardando o mesmo trem para Montauk, em Long Island. Com exceção de ambos, a plataforma está vazia. Por um instante, eles notam um ao outro e sentem uma curiosa atração mútua — talvez, como eu fui atraído de modo subliminar por meu amigo Arnold no metrô de Nova York (embora sem a ambivalência). Os dois "estranhos" entram no mesmo vagão por lados opostos. Sentam-se a uma distância cautelosa, olhando-se de modo sorrateiro, enquanto começam a negociar uma dança de aproximação e evitação. De repente, do seu lugar, Clementine lança um convite para uma conversa (aproximação). A hesitante resposta dele, "você está falando comigo?", é recebida com um irônico "com quem mais?" (evitação). Clementine continua com as provocações, movendo-se cada vez mais para a outra ponta do vagão (aproximação), enquanto o tímido Joel tenta escapar de suas investidas (evitação). No entanto, Joel mantém a conversa (aproximação). A estranha atração de ambos ocorre como uma disputa ambivalente em que cada participante alterna entre o perseguidor e o distanciador. Enquanto nós os observamos, é como se os dois estivessem de algum modo desempenhando papéis habituais num duelo combinado, como se lessem um roteiro do qual nenhum está ciente — um roteiro baseado nas memórias procedurais de cada um, como em breve descobriremos.

O que o expectador desconhece no início, ou o que os dois personagens não entendem de modo *explícito*, é que eles de fato se conhecem — na intimidade! Descobrimos que eles tiveram um caso amoroso atormentado que terminou muito mal. Sofreram tanto com o término do relacionamento que, cada um por si, buscaram o apagamento das memórias na Clínica Lacuna* — nome bastante pertinente — com o supostamente bem-intencionado dr. Howard Mierzwiak (interpretado por Tom Wilkinson). Na clínica neurológica, Clementine e Joel (ambos sem saber que o outro também é um paciente) recebem instruções de trazer todas as recordações — fotos, presentes, *souvenirs* — que tenham um do outro. Enquanto olham para essas recordações emocionais, uma a uma, um computador intensifica as ondas cerebrais e mapeia os locais específicos da atividade elétrica associada àquela memória emocional. Mais tarde, o técnico do apagamento usa esse mapa para disparar pulsos eletromagnéticos nas partes específicas do cérebro enquanto eles cochilam, inocentes. Esse processo, ao que parece, "apaga" a memória dolorosa — para sempre. A secretária da clínica, Mary, resume o resultado esperado ao dizer: "Isso permite que as pessoas recomecem sem esse misto de tristeza e fobias". E o

---

* Define-se "lacuna" como uma parte ausente, um espaço vazio ou, de modo irônico, como um hiato.

dr. Mierzwiak complementa: "Embora isso de fato destrua as células cerebrais, não é pior do que uma noite de bebedeira".

Num breve *flashback* no final do filme, descobrimos que a primeira cena do encontro de Clementine e Joel no trem de fato aconteceu, na sequência em tempo real, próximo ao *final* do filme. Nós concluímos, aos poucos, que apesar de as lembranças dolorosas dos personagens terem sido apagadas, algum tipo de "atração fatal" permaneceu, um impulso magnético que atrai os "estranhos afins" — embora eles não tenham *percepção consciente* dessa familiaridade.

Em algum momento durante o processo de apagamento, por um instante Joel reconhece que talvez tenha cometido um grande erro. De algum modo, ele decide focar a palavra "Montauk", que é onde ele e Clementine se encontraram pela primeira vez depois de serem convidados, em separado, para uma festa ali. Nenhum dos protagonistas se recorda de modo consciente dessa potencial palavra-gatilho, mas ambos têm uma associação subconsciente indescritível, que misteriosamente os compele a se aproximar. No trem, Joel, visivelmente alheio à vida em comum de ambos, diz a Clementine: "Não fui trabalhar hoje [...] peguei o trem para Montauk. Não sei por quê. Não sou uma pessoa impulsiva". A palavra "Montauk" permaneceu submersa nas profundezas da mente subconsciente de ambos — uma linha inconsciente da conexão que não se destruiu. No entanto, com todas as memórias conscientes apagadas, eles não tinham nenhuma lembrança explícita um do outro. De fato, eram (im)perfeitos estranhos, como se tivessem se encontrado no trem pela primeira vez.*

Uma vez no vagão, no entanto, eles estranhamente se atraem e se repelem por meio das memórias procedurais. Um ímã subterrâneo ainda mais profundo deriva das memórias procedurais e implícitas não resolvidas da infância de ambos — a *imago* (*imprint*, ou engrama) das relações de apego da primeira infância com os pais, bem como de

---

* Lembremo-nos do paciente David, de Damásio (no capítulo 3). David gravitava em torno dos "simuladores" antes amigáveis, distanciando-se daqueles que eram rudes, mesmo sem ser capaz de se lembrar deles.

outros traumas de desenvolvimento da infância e da adolescência. A maioria dos terapeutas observa esse tipo de transferência nos clientes (quando não neles próprios), que escolhem um parceiro semelhante a um dos pais — ou transformam o parceiro em pai/mãe. Paul Ekman observou com propriedade: "É como se muitos de nós carregássemos o roteiro de uma peça, um drama que sempre impomos às situações quando temos a oportunidade de fazê-lo. Escalamos para os diferentes papéis — como faria o diretor de um filme — as pessoas que encontramos, a fim de reencenar o mesmo roteiro. Assim como os estados de ânimo, os roteiros emocionais nos fazem perceber o mundo de maneira errônea".[52] Fica claro para o espectador que grande parte do constrangimento de Joel vem de uma infância de exposição ao *bullying* e da incompetência da mãe histérica. Clementine, por sua vez, sofre de grandes inseguranças em relação à aparência, explicadas pela relação com uma boneca. Também fica claro que seus déficits de uma infância de abandono e opressão (codificados como memórias procedurais de aproximação/evitação) são o mesmo ímã que tanto os aproxima quanto os afasta, emaranhando-os num complexo nó de ambivalência. Isso se torna um emaranhado sem fim, cada vez mais apertado, até que a tensão fica tão insuportável que ambos parecem não ter escolha a não ser eliminar um ao outro do banco da memória. Mas, infelizmente, e não por falta de tentativa, eles devem pagar pela barganha faustiana.

A luta da maioria de nós (e o que Joel e Clementine começam a entender) é que somos incapazes de criar relacionamentos eficazes com os outros enquanto mantivermos uma relação profundamente dolorosa conosco. Conhecendo-nos pouco, buscamos a nossa identidade no espelho do outro, assim como fizemos aos olhos dos nossos pais. Carregando todos os fardos e as feridas entalhadas, somos atraídos para um porto aparentemente acolhedor e seguro nos braços do outro — que, por sua vez, busca o mesmo consolo em nós. Tal projeção no "outro mágico"[53] é uma estratégia (mal) adaptativa que uma hora acabará explodindo, ou implodindo em desapontamento e recriminação mútua. Foi o que aconteceu com Joel e Clementine.

Isto é, até que têm a oportunidade de absorver as projeções de modo consciente e de aprender a ver um ao outro *como de fato são*, e não como substitutos para o engrama dos pais e do passado problemático. De fato, se Clementine e Joel não se reencontrassem, sem dúvida encontrariam outros participantes complementares para preencher esses papéis. Certamente ainda seriam impelidos, pelos *imprints* emocionais e procedurais não resolvidos, para o abismo de sua infância traumática e suas necessidades não satisfeitas. Sem aprender com os nossos erros emocionais, estamos fadados a repetir o passado para sempre com quem quer que estivermos destinados a encontrar. Quantos romances e casamentos começam "felizes" e terminam com cada um desejando secretamente eliminar o outro de seu banco de memórias?

O que enfim permite que Clementine e Joel refaçam e renovem a vida em comum é colocar as mãos nos "arquivos de memórias" e nas gravações das entrevistas. As gravações (fornecidos por Mary, a secretária menosprezada) revelam um registro de todas as experiências um com o outro; suas atrações e aversões, seus ressentimentos, suas projeções e introjeções. Por exemplo, numa gravação, Clementine diz a Joel: "Eu não sou um conceito... muitos caras acham que eu sou um conceito, ou que eu os completo, ou que vou torná-los mais vivos, mas sou apenas uma garota ferrada procurando minha própria paz de espírito. Não me atribua o que é seu. Seja honesto".

No início, Joel e Clementine relutam em se envolver de novo, mas aos poucos despertam para a grandeza da *oportunidade* de usar essas informações carregadas que foram gravadas. Entendem a possibilidade de aprender com os erros e ir além da angústia da infância, dos preconceitos e das ambivalências. Essa chance e abertura oportunas os levam à aceitação, à apreciação e ao entusiasmo pelo potencial para aceitar a si próprios e amar ou ao outro (*como outro*) de forma livre e plena. É a esse respeito que Nietzsche e Pope se enganaram e Santayana tinha razão! Sem memórias coerentes, não somos capazes de extrair o melhor dos nossos enganos — estamos fadados a apenas repeti-los.

O que continua a viver em Joel e Clementine e os impele em direção um ao outro depois que, supostamente, as lembranças deles foram completamente eliminadas? Por que uma mulher que foi abusada por um tio continua a ser atraída por homens abusivos, mesmo sem ter nenhuma lembrança consciente do abuso original? E, se recuperasse a memória relativa ao tio e ao mesmo tempo ingerisse uma droga para apagá-la (enquanto revisasse a memória carregada em nível emocional), ela, assim como Joel e Clementine, talvez fosse compulsivamente atraída por perpetradores por meio das memórias procedurais latentes. Como em *Brilho eterno de uma mente sem lembranças*, o apagamento de memórias pode criar um resultado monstruoso no qual o indivíduo está fadado a reencenar os erros dolorosos *sem* o benefício da reflexão consciente e do aprendizado. Até recuperarem as lembranças outrora indesejadas, Joel e Clementine não se empoderam para formar uma nova narrativa interna que reúna passado, presente e futuro de modo coerente.

Nesse mesmo filme presciente, também vemos como o apagamento de memórias pode ser usado para propósitos maléficos. No passado, o dr. Mierzwiak manteve um *affair* com a secretária. Mais tarde (sem o conhecimento dela), deleta o caso da memória de Mary na Clínica Lacuna. Mary só volta a se familiarizar com a história quando é flagrada pela esposa do médico no ato bem-sucedido de "seduzi-lo" de novo. A esposa exige que o marido mulherengo "poupe a criança" e conte a Mary sobre o apagamento das memórias dela e da sua compulsão repetitiva.

Existem outros usos potencialmente maléficos do apagamento de memórias que não são fictícios e podem muito bem ocorrer, em especial porque essas substâncias estarão amplamente disponíveis quando encontrarem, junto com o Viagra à base de ervas, o caminho para o mercado negro via internet. Considere, por exemplo, o cenário criado por um dos meus estudantes, Neil Winblatt, apresentado num *blog* durante a discussão de um artigo sobre as drogas de apagamento de memórias. Nesse cenário, imagine que você está sexualmente atraído pela mulher do seu melhor amigo. Enquanto bebem juntos num bar local, você o convida a relatar todas as belas recordações que tem dela. No entanto, sem que ele saiba, antes você coloca uma droga de apagamento na bebida dele. Na semana seguinte, no mesmo bar, você direciona a conversa para todas as deficiências da esposa. Porém, dessa vez você adiciona um intensificador da memória. Considere como, com as belas lembranças apagadas, ele está especialmente vulnerável a ser dominado pelas negativas. Assim, a combinação de apagadores e intensificadores de memória oferece a você (o vilão) a oportunidade perfeita de manipular a situação a seu favor e ter acesso romântico à outrora amada — agora desprezada — esposa dele.

Mas retornemos ao aspecto desumano do apagamento de memórias. Perguntaram a Eric Kandel, vencedor do Prêmio Nobel por seu trabalho sobre a memória, se ele gostaria de ter suas lembranças dolorosas apagadas. Como várias dessas memórias eram de seu sofrimento inimaginável quando criança durante o Holocausto, a resposta que ele deu talvez surpreenda você:

> Não tenho nenhuma dificuldade para intensificar a memória. Removê-las é mais complicado [...] entrar na sua cabeça e retirar uma lembrança de uma experiência amorosa infeliz é uma má ideia. Sabe, no fim das contas, somos quem somos. Todos nós somos parte do que vivemos. [...] Se eu gostaria de ter a experiência do [Holocausto] vienense removida? Não! E foi terrível. Mas é parte de quem sou.[54]

O problema incapacitante da eliminação de memórias dolorosas é que, com frequência, a dor é o nosso professor mais potente. A maturidade tem a ver com aprender com os nossos erros e com as nossas lutas. Na verdade, a sabedoria autêntica não vem sem um custo. Existe uma palavra maravilhosa na língua dinamarquesa que é especialmente relevante para esse processo: *gennemleve*, cuja tradução aproximada é: "viver algo até a sua conclusão, permanecer consciente e em contato com o processo e, no final, se reconciliar com ele".

Com a indústria farmacêutica já forçando pesquisas sobre as drogas para o apagamento de memórias (direcionadas a apagar os medos e as fobias dos pacientes), não há razão para pensar que não gastarão centenas de milhões (se não bilhões) de dólares na produção e no *marketing* desses produtos. De modo previsível, o Congresso seria pressionado por *lobbies* para assegurar uma regulamentação mínima, e a publicidade via TV e internet seria irresistível — apesar dos potenciais efeitos colaterais e abusos. O potencial para a manipulação em massa, para ganho político e econômico, não pode ser desconsiderado nem posto de lado.

Em *Brave new world* [*O admirável mundo novo*], de Aldous Huxley, o governo manipula a população com um combo de benzodiazepina/Prozac chamado "soma", que é usado com eficácia para pacificar as massas. Estremecemos horrorizados ao pensar em drogas usadas em massa para apagar memórias, enquanto políticos desonestos trazem à tona lembranças que eles querem que sejam esquecidas ou reforçadas. Ficção científica? Talvez no século 20, mas certamente não no século 21. O apagamento das memórias talvez seja um indicativo da tendência à preguiça da nossa cultura, que busca soluções unicamente por meio de drogas, sejam antidepressivos, estimulantes, ansiolíticos ou medicamentos para dormir etc., em vez de convocar a própria capacidade criativa para gerar autorregulação e resiliência.

O mais preocupante sobre os procedimentos do apagamento de memórias é que não há um entendimento geral sobre a natureza, a função ou a relação entre os múltiplos sistemas da memória: explícito (declarativo e episódico) e implícito (emocional e procedural). De fato, o maior problema, como em *Brilho eterno de uma mente sem lembranças*, é que o "sucesso" reside, em grande medida, no apagamento da maioria das memórias declarativas, episódicas e emocionais, enquanto as procedurais permanecem intactas, à espera, prontas para se reafirmarem ao menor gatilho ou provocação (inconsciente). É possível apagar uma lembrança de abuso, mas, sem a total integração e a capacidade para a ação restaurada, continuaremos com uma capacidade reduzida para responder com eficácia a situações semelhantes no futuro. Sem essa habilidade, talvez sejamos estranhamente atraídos para situações perigosas e para fracassos relacionais repetitivos que poderiam ser abordados com consciência interpessoal e então integrados com novas habilidades, reflexão e empoderamento. Mesmo que sejamos capazes de apagar as memórias procedurais, poderíamos criar indivíduos indefesos, divorciados dos próprios instintos, que de modo equivocado se aproximam do perigo e evitam o que é benéfico. Essa falta de orientação, essa confusão entre aproximação e evitação, é algo que muitas vezes observamos nos sobreviventes de assédios e abusos.

Antes de saltar, querendo ou não, para o admirável mundo novo do apagamento de memórias,* devemos reconhecer que a falta de atenção aos complexos mecanismos da memória traumática poderia ser um presságio de desastre. Por outro lado, reunir clínicos e cientistas num clima de colaboração e confiança poderia ajudar a fornecer um entendimento mais amplo sobre a memória traumática e, por sua vez, aliviar o sofrimento desnecessário.

---

* Deve-se notar que existem abordagens farmacológicas que, em vez de tentar apagar as memórias, tentam amortecer o estresse agudo com medicamentos usados para baixar a pressão sanguínea (ver Pitman et al., "Effect of acute post-trauma propranolol on PTSD outcome and physiological responses during script-driven imagery", *CNS Neuroscience and Therapeutics*, v. 18, n. 1, p. 21-7, jan. 2012). Essas drogas são usadas (apesar do efeito limitado) nas pessoas que vão para a Emergência depois de acidentes ou estupros. De fato, a própria Emergência pode ser traumatizante. Mas, ainda assim, enfermeiras, paramédicos e médicos que trabalham na Emergência poderiam ser treinados com técnicas simples de conscientização e desativação — "primeiros socorros emocionais" — junto com o contato humano de apoio e tranquilização para ajudar as pessoas a "passarem" por esses estados intensos. Realmente, isso valeria um estudo!

9. TRAUMA GERACIONAL: ESPECTROS

> *Estou inclinado a pensar que somos todos fantasmas [...]*
> *Não são apenas as coisas que herdamos*
> *dos nossos pais que vivem em nós,*
> *mas todo tipo de coisas mortas [...]*
> *Elas não estão de fato vivas em nós,*
> *mas estão enraizadas lá do mesmo jeito.*
>
> — Henrik Ibsen, *Fantasmas*

A QUE DISTÂNCIA NO TEMPO E NO ESPAÇO

Quando publiquei o meu primeiro livro, *Waking the tiger*[55] [*O despertar do tigre*], intitulei uma seção final de "A que distância no tempo e no espaço". Quando escrevi esse capítulo, no início da década de 1990, a ideia da transmissão geracional do trauma parecia ser, na melhor das hipóteses, não científica, se não fantasiosa. No entanto, pesquisas realizadas nos últimos anos não só registram a existência de tal condução como também demonstram alguns dos mecanismos epigenéticos, moleculares e bioquímicos responsáveis por essa transmissão.

Num experimento fundamental,[56] camundongos foram expostos ao odor neutro (se não agradável) de flores de cerejeira. A esse odor seguia-se um aversivo choque elétrico. Após várias associações, os camundongos paralisavam de medo quando expostos apenas à essência, sem o choque. Nenhuma surpresa — esse é o típico exemplo do condicionamento pavloviano. No entanto, o surpreendente nesse experimento foi que essa mesma vigorosa resposta condicionada manteve-se por pelo menos cinco gerações de descendentes. Em outras palavras, quando expostos ao cheiro das flores de cerejeira, os tataranetos dos camundongos condicionados pelos experimentos paralisavam de medo, como se eles próprios tivessem sido condicionados ao choque. Além do mais, quando esses descendentes foram expostos a vários outros odores neutros, não houve respostas, assim como ocorrera com os tataravôs. A propósito, essa transmissão geracional foi significativamente mais forte na linhagem masculina.

Essa notável especificidade do condicionamento a um odor específico, com a exclusão de todos os outros, tem implicações surpreendentes para a transmissão do trauma nos humanos. Por exemplo, trabalhei com a segunda geração de vários sobreviventes do Holocausto que, durante as sessões, se surpreendiam ao perceber o cheiro nauseante de carne queimada. Isso ocorria com uma intensa reação visceral de náusea, medo e um pavor palpável de que algo terrível aconteceria. De fato, muitos desses clientes eram tão aversos a esse tipo de cheiro que se tornaram vegetarianos estritos. Embora, certamente, eu não possa oferecer isso como evidência do trauma geracional, é difícil desprezar a importância dessa transmissão de cheiro, em especial devido aos resultados do experimento com os camundongos.

Num artigo intitulado "Trauma ripples through generations"[57] [Traumas são transmitidos através de gerações], a israelense Zahava Solomon, pesquisadora do trauma, finaliza a entrevista com uma reflexão sobre sua própria ancestralidade. Filha de sobreviventes do Holocausto, ela descreve o relacionamento positivo com os pais. Sua mãe compartilhava histórias sobre a coragem que ela e os irmãos demonstraram durante aquele período e sobre como o nascimento de Zahava foi um raio de esperança, sua vitória triunfante sobre os nazistas. Solomon conclui a entrevista com a afirmação: "Tanto quanto posso dizer, [a experiência dos meus pais] me afetou [somente] de modo positivo". No entanto, "de fato tenho muitos escrúpulos em relação a agressões; além disso, sou muito ansiosa", acrescenta, num aparte revelador.

Rachel Yehuda, uma das principais pesquisadoras dos efeitos neurobiológicos do trauma geracional — em particular, nos filhos de sobreviventes do Holocausto — demonstrou mudanças claras nos níveis de cortisol e de outros marcadores fisiológicos de ansiedade nessa população.[58] Esses efeitos não tão específicos poderiam, é claro, ser transmitidos pela parentalidade inadequada ante os filhos pequenos. No entanto, no meu trabalho clínico com filhos e netos de sobreviventes do Holocausto, com frequência noto e rastreio sintomas de ansiedade generalizada e depressão. Também noto que, surpreendentemente, esses indivíduos muitas vezes descrevem imagens, sensações e emoções específicas e por vezes horríveis de acontecimentos que pareciam bem reais, mas que não poderiam ter ocorrido com eles. Fui capaz de confirmar que muitos desses acontecimentos específicos na verdade aconteceram com seus pais e não poderiam ter acontecido com eles. No entanto, eles claramente experimentavam as memórias traumáticas dos pais como se fossem suas. É significativo que, a princípio, a maioria dos pais e avós não havia compartilhado tais lembranças com os filhos.

Várias tribos indígenas norte-americanas nos contam que o sofrimento do pai é passado a quatro gerações futuras,* aos filhos e aos filhos dos filhos. Na verdade, a Bíblia parece corroborar isso, como no Êxodo 34,7: "castiga os filhos e os netos pelo pecado de seus pais, até a terceira e a quarta gerações". Talvez "pecado" seja uma metáfora para os traumas da escravidão a que os judeus se submeteram no Egito e que não seriam esquecidos de imediato, mesmo com o êxodo para a Terra Santa. Suspeito que muitos afro-americanos ainda sofrem com a nuvem escura residual que paira de modo sinistro por trás da erradicação da escravidão. Na realidade, a falta de oportunidades educacionais adequadas nos guetos americanos nos dias atuais, bem como a subjugação e o encarceramento em massa de milhões de homens e garotos negros, reforçam esse legado trágico do trauma geracional.

---

* Acredito que algumas tribos falam de quatro gerações e outras, de sete. No modelo animal descrito anteriormente, a transmissão ocorreu por pelo menos cinco gerações.

Um curandeiro navajo que encontrei certa vez em Flagstaff, no Arizona, nos Estados Unidos, disse-me que o efeito geracional do trauma era particularmente verdadeiro no caso de guerras e em tempos de convulsão social. Ele compartilhou o exemplo de crianças que foram retiradas de suas famílias, vilas e tribos e transferidas para internatos do Bureau of Indian Affairs.* Além da separação e do exílio forçados, elas foram expostas a constantes humilhações e despojadas da dignidade, do idioma e de qualquer conexão com a sua herança espiritual. O curandeiro também descreveu alguns dos rituais específicos realizados para os guerreiros quando eles voltavam para casa depois das guerras — cerimônias que ajudavam a reduzir a fonte dos traumas *antes* que estes fossem transmitidos à família e às gerações futuras. Ele me convidou a participar de um poderoso ritual que foi usado quando os corajosos "Code Talkers"** retornaram da Segunda Guerra Mundial e que naquele momento (em 1979) era oferecido aos veteranos navajos que lutaram no Vietnã. Era um rito de passagem fundamental, e seria bom se aprendêssemos com ele a dar as boas-vindas, honrar e "limpar" as feridas dos nossos guerreiros que retornaram do Iraque e do Afeganistão.

O CONHECIMENTO GERACIONAL INTERNO

> *As canções dos nossos ancestrais são também*
> *as canções dos nossos filhos.*
> — Philip Carr-Gomm, arquidruida de Sussex

Nenhuma discussão sobre o trauma geracional seria completa sem ao menos reconhecer um aspecto intrigante da transmissão traumática

---

* Órgão federal dos Estados Unidos responsável por implementar leis e políticas relacionadas com as questões dos povos nativos norte-americanos. [N. E.]
** Nome dado aos nativos norte-americanos selecionados para criar um código baseado na língua navajo, complexa e ágrafa, para transmitir comunicações secretas ao campo de batalha. [N. T.]

que parece desafiar explicações: a herança das informações baseadas na sobrevivência. Refiro-me especificamente à transmissão fundamental, que até mesmo salva vidas, das informações implícitas da história de uma família ou tribo que podem ser rastreadas em várias gerações.

Em 1990, convidaram-me para atender uma jovem, "Kelly", que esteve num desastre aéreo (no qual o diretor Peter Weir baseou o comovente filme *Fearless* [*Sem medo de viver*], de 1993) na cidade de Sioux, em Iowa, nos Estados Unidos. O voo 232 da United, um DC-10 que ia de Denver para Chicago em 19 de julho de 1989, perdeu o motor traseiro numa explosão que danificou todas as linhas hidráulicas, deixando a aeronave sem controle. O avião inclinou e despencou num ângulo tão íngreme que uma queda em parafuso parecia inevitável. De forma surpreendente, o piloto, Al Haynes, e um instrutor de voo de emergência, Dennis Fitch, que estava a bordo por acaso, impediram que o avião entrasse em parafuso e conseguiram fazer um pouso de emergência na pista de um pequeno aeroporto regional. Com o impacto, a aeronave explodiu e se partiu. Pedaços da fuselagem em chamas foram lançadas para os milharais do entorno.* Kelly foi uma das afortunadas sobreviventes. Ela escapou da seção do avião que se desprendeu, engatinhando por um labirinto retorcido de metais e cabos até uma fenda para a luz do dia.

Enquanto trabalhávamos juntos, Kelly recordou o terror e o pânico mortais entre os passageiros quando o motor explodiu e depois quando o avião se chocou com violência contra a pista. Quando ela se concentrou nas sensações em seu corpo, o terror se atenuou bastante. Isso permitiu o surgimento da memória procedural fundamental de engatinhar para um "ponto de luz". Ela então se lembrou de ouvir as vozes do pai e do avô gritando: "Não espere! Saia agora! Vá para a luz! Saia antes da explosão!" Ela obedeceu.

Em seguida, Kelly relatou uma imagem de estar sentada no milharal ao lado da pista e de sentir o calor do sol no rosto. Enquanto expe-

---

* Posteriormente, Fitch contou sua história para o documentarista Errol Morris em seu programa de televisão *First Person*.

rimentava uma torrente de alívio e sensações de calor, ela descreveu sentir ondas poderosas de gratidão por estar viva e pela habilidade de "preservação da vida" transmitida pelo pai e pelo avô. *Ambos*, em ocasiões distintas, sobreviveram a acidentes aéreos (um comercial, o outro militar). Os dois escaparam da morte por um triz, deixando os destroços assim que o avião atingiu o solo. É bem possível que Kelly tenha ouvido as histórias das experiências angustiantes do pai e do avô, e esses relatos podem muito bem tê-la ajudado a saber o que fazer quando o avião caiu. Por outro lado, talvez não se tratasse simplesmente de recordar histórias, mas de ter esses *imprints* gravados na psique e na memória corporal.

A transmissão direta das memórias procedurais pode servir à função evolutiva de assegurar a sobrevivência nas situações onde a deliberação consciente é limitada, se não infrutífera. Seguindo essa linha de pensamento, nossa organização sem fins lucrativos, o Somatic Experiencing Trauma Institute, trabalhou na Tailândia após o terremoto e o tsunâmi no sudeste asiático, em 2004. Muitos dos moradores locais contaram à nossa equipe que os elefantes e outros animais selvagens correram para lugares mais altos no momento do terremoto e antes do tsunâmi subsequente, como fizeram várias das comunidades tribais. Embora as histórias transmitidas ao longo de 300 anos, desde os tempos do megatsunâmi anterior, pudessem ser uma explicação plausível para a fuga das tribos, não podemos explicar as respostas "instintivas" instantâneas dos animais selvagens citando mitos, tradição ou narrativas, pelo menos não até onde entendemos a linguística dessas espécies.

Como um cientista biológico, confiando na evolução como um mecanismo "de prontidão" *default* para as mudanças, a minha visão da transmissão das memórias procedurais (corporais) traumáticas no tempo e no espaço é a seguinte: vejo a transmissão geracional do trauma como uma desvantagem necessária, "um efeito colateral" da capacidade de transmitir e receber informações vitais baseadas na sobrevivência. Essas informações podem ficar adormecidas e surgir de repente como uma memória procedural convincente quando há uma situação similar, mesmo após várias gerações — como no megatsunâmi no sudeste asiático ou quando Kelly, ouvindo as vozes do pai e do avô falecidos, agiu, rastejando pelo emaranhado da fuselagem destroçada e contorcida, até se encontrar em segurança, escapando assim da bola de fogo que certamente a teria condenado a uma morte violenta. Fica claro que essas informações transgeracionais salvaram a vida de Kelly.

Os homeopatas há muito reconhecem esse tipo de troca de informações geracionais graças à compreensão que têm de "miasma", um termo que se refere a uma nuvem de poder contagiante que tem vida própria e independente, e que deve ser tratada influenciando o "campo de energia/informação" do paciente. Nota-se que esses miasmas se espalham por gerações. O biólogo evolucionista Rupert Sheldrake realizou uma ampla gama de experimentos provocativos sugerindo efeitos similares do campo geracional por meio do que ele chama de "ressonância mórfica".[59,60]

Num dos primeiros experimentos de Sheldrake, uma determinada linhagem de camundongos aprendeu a percorrer um labirinto em Sidney, na Austrália. Camundongos da mesma linhagem — embora nascidos e criados nos Estados Unidos, sem nunca terem sido transportados entre os continentes — percorreram um labirinto idêntico nos laboratórios Rockefeller, em Nova York. De modo surpreendente, eles aprenderam o [percurso do] labirinto, num ritmo significativamente mais rápido — do ponto de vista estatístico. Podemos argumentar, é claro, que tudo é mais rápido em Nova York. No entanto, quando o experimento foi revertido e os camundongos aprenderam primeiro o labirinto em Nova York, os irmãos de Sidney conquistaram a vantagem. Se tais efeitos demonstráveis existem em camundongos afins, em nível biológico, ao aprenderem um simples labirinto, então a probabilidade de se transmitir informações de sobrevivência emocionalmente significativas entre humanos no tempo e no espaço — em particular, quando há algo tão violento quanto um acidente aéreo, um tsunâmi ou uma guerra — é relevante em termos clínicos.

A transmissão geracional é uma possibilidade convincente que não podemos nem devemos ignorar. E embora a ciência convencional tenda a ignorar as descobertas de Sheldrake porque elas não se encaixam nos paradigmas conhecidos, é preciso notar que ele realizou, com sucesso, vários desses experimentos com resultados similares. Além do mais, um grupo de doadores ofereceu um prêmio financeiro considerável para quem conseguisse refutar *qualquer* uma de suas descobertas experimentais. Até o momento, ninguém se candidatou.

Por ora, leitores e colegas exploradores, deixo outras explicações a cargo de Rod Serling e [da série] *The twilight zone* [*Além da imaginação*], mas não sem me perguntar até onde, no espaço e no tempo, os padrões de choque traumático de fato se estendem, e de que maneira as guerras, as perseguições, os expurgos e outros cataclismas parecem se repetir, muitas vezes com regularidade impressionante. Descobrir como esses "pacotes de informações" específicos ao trauma são transmitidos como engramas — memórias procedurais e emocionais — de geração em geração é um *mysterium tremendum* "cármico" e vital deixado para a reflexão de futuras gerações.

EPÍLOGO

O desenvolvimento da ciência da memória deixou muito claro que o nosso entendimento "empírico" da memória, como uma entidade fixa, é de modo fundamentalmente incorreto. Além do mais, quando relembramos o *imprint* (o engrama) de uma experiência, descobrimos que essas lembranças estão em contínuo fluxo, mudando em contexto e estrutura ao longo da vida — para melhor ou pior.

Então, qual é o papel da memória em relação a como entendemos e lidamos com o trauma? Talvez a sabedoria perene do mito possa nos guiar. A antiga lenda egípcia de Ísis e Osíris, em particular, reflete um sábio conselho. Nessa narrativa instrutiva, descobrimos que os inimigos do grande rei Osíris o mataram e o desmembraram, esquartejando seu corpo em várias partes e enterrando-as em cantos distantes do reino. No entanto, empoderada pelo grande amor por Osíris, Ísis procurou até encontrar todas as partes do corpo dele e reuniu esses "membros". Nesse reviver, ela o "re-membrou".*

Quando acompanhamos os sintomas aparentemente díspares, os cacos e fragmentos, os sinais e síndromes exibidos por pessoas traumatizadas, eles revelam pistas que podem ser usadas para reativar o processo de cura. Para compreender esses sintomas, precisamos avaliar o que acontece no corpo e no cérebro quando alguém está paralisado pelo medo. Vários desses sintomas podem ser entendidos como

---

* No original, "*re-membered*"; um jogo de palavras que remete tanto a relembrar (*re-member*) quanto a re-unir (*re-member*) os membros do corpo de Osíris que foi *desmembrado*/esquartejado. [N. T.]

representantes das partes *descorporificadas da experiência* — sensações físicas rudimentares que oprimiram essas pessoas no passado e que, como as partes esquartejadas de Osíris, foram separadas como fragmentos dissociados. Tratamentos que visam "recompor" essas sensações desconexas são semelhantes ao que a deusa mitológica egípcia Ísis fez com as partes descorporificadas do esposo, Osíris — ela as desenterrou dos locais ocultos onde os inimigos as enterraram. De modo simbólico, ela as rejuntou num organismo coerente; ela o "relembrou/remembrou". Fazer isso envolve persuadir as pessoas, com gentileza, a começarem a sentir e a tolerar as sensações que antes as sobrecarregavam. Isso permite que as memórias traumáticas se juntem, se reconectem e se transformem.

Por fim, como teria dito Ward Beecher: "A aflição chega a nós não para nos deixar tristes, mas para nos tornar sóbrios; não para nos deixar pesarosos, mas para nos tornar sábios". Concluo na esperança de que este trabalho contribua, de modo singelo, com a nossa sabedoria coletiva na compreensão de como podemos nos reconciliar com nossas memórias e sentimentos difíceis.

NOTAS FINAIS

Capítulo 1
1. "Engramas" são os *imprints* [impressões ou estampagens] físicos ou químicos que as lembranças deixam no cérebro. Consulte, por exemplo: Liu, Xi et al. "Optogenetic stimulation of a hippocampal engram activates fear memory recall", *Nature*, v. 484, n. 7394, p. 381-5, mar. 2012.
2. Bessel van der Kolk e Onno van der Hart, "Pierre Janet and the breakdown of adaptation in psychological trauma", *American Journal of Psychiatry*, v. 146, n. 12, p. 1530-40, dez. 1989.
3. Pierre Janet, *L'automatisme psychologique — Essai de psychologie expérimentale sur les formes inférieures de l'activité humaine*. Paris: Société Pierre Janet/Payot, 1973.
4. Jon D. Levine, H. Gordon e H. Fields, "Analgesic responses to morphine and placebo in individuals with postoperative pain", *Pain*, v. 10, n. 3, p. 379-89, jun. 1981.
5. B. van der Kolk et al., "Inescapable shock, neurotransmitters, and addiction to trauma: toward a psychobiology of post-traumatic stress", *Biological Psychiatry*, v. 20, n. 3, p. 414-25, mar. 1985.
6. Bessel van der Kolk, *The body keeps the score — Brain, mind, and body in the healing of trauma*. Nova York: Viking, 2014. [Ed. bras.: *O corpo guarda as marcas — Cérebro, mente e corpo na cura do trauma*. Tradução de Donaldson M. Garschagen. Rio de Janeiro: Sextante, 2020.]
7. William Saletan, "Removable truths: a memory expert's indestructible past", *Slate.com*, 25 maio 2010.
8. William Saletan, "The future of the past: cleansing our minds of crime and vice", *Slate.com*, 2 jun. 2010.
9. Ibidem.

Capítulo 2
10. N. S. Clayton e A. Dickinson, "Episodic-like memory during cache recovery by scrub jays". *Nature*, v. 395, p. 272-44, set. 1998.
11. T. Suddendorf, "Foresight and evolution of the human mind". *Science*, v. 312, n. 5776, p. 1006-7, maio 2006.

12. H. Krystal, *Integration and self-healing — Affect, trauma, alexithymia*. Mahwah, New Jersey: The Analytic Press, 1988.

Capítulo 3

13. António Damásio, *Descartes' error — Emotion, reason, and the human brain*. Nova York: Penguin, 2005. [Ed. bras.: *O erro de Descartes —Emoção, razão e o cérebro humano*. Tradução de Dora Vicente e Georgina Segurado. São Paulo: Companhia das Letras, 2012.]

Capítulo 4

14. Katherine Whalley, "Neural circuits: pain or pleasure?" *Nature Reviews Neuroscience*, v. 16, n. 316, 2015. Disponível em: <https://doi.org/10.1038/nrn3975>. Acesso em: 21 maio 2023.
15. Stephen W. Porges, *The polyvagal theory — Neurophysiological foundations of emotions, attachment, communication, and self regulation*. Nova York: W. W. Norton & Company, 2011.
16. Peter A. Levine, "Accumulated stress reserve capacity and disease". Tese (Doutorado) — Universidade da Califórnia, Berkeley, 1977.
17. Peter A. Levine, *In an unspoken voice — How the body release trauma and restores goodness*. Berkeley: North Atlantic Books, 2010. Capítulo 7. [Ed. bras.: *Uma voz sem palavras — Como o corpo libera o trauma e restaura o bem-estar*. Tradução de Carlos Silveira Mendes Rosa e Cláudia Soares Cruz. São Paulo: Summus, 2012.]

Capítulo 5

18. Peter A. Levine, *In an unspoken voice — How the body releases trauma and restores goodness*. Berkeley: North Atlantic Books, 2010. Capítulo 12. [Ed. bras.: *Uma voz sem palavras — Como o corpo libera o trauma e restaura o bem-estar*. Tradução de Carlos Silveira Mendes Rosa e Cláudia Soares Cruz. São Paulo: Summus, 2012.]
19. Peter Payne, Peter A. Levine e Mardi A. Crane-Godreau, "Somatic Experiencing: using interoception and proprioception as core elements of trauma therapy". *Frontiers in Psychology*, 4 fev. 2015. Disponível em: <http://journal.frontiersin.org/Journal/10.3389/fpsyg.2015.00093/>. Acesso em: 21 maio 2023. A leitura desse artigo é altamente recomendada.
20. Ibidem.
21. Josef Parvizi et al., "The will to persevere induced by electrical stimulation of the human cingulate gyrus". *Neuron*, v. 80, n. 6, p. 1359-67, dez. 2013.
22. Francisco Sotres-Bayon, David E. Bush e Joseph E. LeDoux, "Emotional perseveration: an update on prefrontal-amygdala interactions in fear extinction". *Learning and Memory*, v. 11, n. 5, p. 525-35, set.-out. 2004.
23. Peter Payne e Mardi A. Crane Godreau, "The preparatory set: a novel approach to understanding stress, trauma, and the bodymind therapies". *Frontiers in Human Neuroscience,* 1º abr. 2015, Disponível em: <http://journal.frontiersin.org/article/10.3389/fnhum.2015.00178/>. Acesso em: 21 maio 2023.

24. Markus Gschwind e Fabienne Picard, "Ecstatic epileptic seizures: the role of the insula in altered self-awareness". *Epileptologie*, v. 31, p. 87-98, 2014.
25. A. D. Craig, "How do you feel? Interoception: the sense of the physiological condition of the body". *Nature Reviews Neuroscience*, v. 3, n. 8, p. 655-66, ago. 2002.
26. H. D. Critchley et al., "Neural systems supporting interoceptive awareness". *Nature Neuroscience*, v. 7, n. 2, p. 189-95, fev. 2004.

Capítulo 6

27. Inalar altas concentrações de dióxido de carbono pode estimular o pânico primal de sufocamento, causando terror intenso até mesmo em pessoas sem a amígdala (o chamado centro do medo do cérebro). Ver Justin S. Feinstein et al., "Fear and panic in humans with bilateral amygdala damage", *Nature Neuroscience*, v. 16, n. 3, p. 270-2, mar. 2013.
28. Peter A. Levine, "Stress". In: Michael G. H. Coles, Emanuel Donchin e Stephen W. Porges, *Psychophysiology — Systems, processes, and applications*. Nova York: The Guilford Press, 1986.
29. Peter Payne, Peter A. Levine e Mardi A. Crane-Godreau, "Somatic Experiencing: using interoception and proprioception as core elements of trauma therapy", *Frontiers in Psychology*, 4 fev. 2015. Disponível em: <http:// journal.frontiersin.org/Journal/10.3389/fpsyg.2015.00093/>. Acesso em: 21 maio 2023.
30. David J. Morris, "After PTSD, more trauma". *Opinionater* (blog), *The New York Times*, 17 jan. 2015.
31. Lee Jaffe, *How talking cures — Revealing Freud's contributions to all psychotherapies*. Londres: Rowman & Littlefield, 2014. p. 19.
32. Freud, citado em Salman Akhtar (org.), *Comprehensive dictionary of psychoanalysis*. Londres: Karnac Books, 2009. p. 1.
33. Josef Breuer e Sigmund Freud, *Studies on hysteria*, "Notes from the editor". Tradução e organização de James Strachey. Nova York: Basic Books, 2000.
34. Bent Croydon, *L. Ron Hubbard: Messiah or Madman?* Fort Lee, New Jersey: Barricade Books, 1987.
35. J. Wolpe, "Reciprocal inhibition as the main basis of psychotherapeutic effects". *Archives of Neurology and Psychiatry*, v. 72, n. 2, p. 205-26, ago. 1954.
36. Peter A. Levine, *In an unspoken voice — How the body releases trauma and restores goodness*. Berkeley: North Atlantic Books, 2010. [Ed. bras.: *Uma voz sem palavras — Como o corpo libera o trauma e restaura o bem-estar*. São Paulo: Summus, 2012.]

Capítulo 7

37. Peter A. Levine, *Sexual healing — Transforming the sacred wound*. Louisville, Colorado: Sounds True, 2003.
38. Peter A. Levine, *In an unspoken voice — How the body releases trauma and restores goodness*. Berkeley, Califórnia: North Atlantic Books, 2010. [Ed. bras.: *Uma voz sem palavras — Como o corpo libera o trauma e restaura o bem-estar*. São Paulo: Summus, 2012.]

Ver também: Peter Levine, *Healing trauma — A pioneering program for restoring the wisdom of your body*. Louisville, Colorado: Sounds True, 2008.
39. Peter Payne, Peter A. Levine e Mardi A. Crane-Godreau, "Somatic Experiencing: Using interoception and proprioception as core elements of trauma therapy". *Frontiers in Psychology*, 4 fev. 2015. Disponível em: <http://journal.frontiersin.org/Journal/10.3389/fpsyg.2015.00093>. Acesso em: 27 abr. 2023.

Capítulo 8
40. Estudos bem recentes mostram como ocorre o aprendizado por associação no nível de um único neurônio; por exemplo, entre (a imagem de) um rosto e uma localização. Ver Matias J. Ison, Rodrigo Quian Quiroga e Itzhak Fried, "Rapid encoding of new memories by individual neurons in the human brain", *Neuron*, v. 87, n. 1, p. 220-30, jul. 2015. Disponível em: <http://dx.doi.org/10.1016/j.neuron.2015.06.016>. Acesso em: 21 maio 2023.
41. Eric R. Kandel, *In search of memory — The emergence of a new science of mind*. Nova York: W. W. Norton & Company, 2007. [Ed. bras.: *Em busca da memória — O nascimento de uma nova ciência da mente*. Tradução de Rejane Rubino. São Paulo: Companhia das Letras, 2021.]
42. K. Nader e E. O. Einarsson, "Memory reconsolidation: an update", *Annals of the New York Academy of Sciences*, v. 1191, p. 27-41, mar. 2010. Disponível em: <https://doi.org/ 10.1111/j.1749-6632.2010.05443.x>. Acesso em: 21 maio 2023.
43. Jonah Lehrer, "The forgetting pill erases painful memories forever". *Wired.com*, 17 fev. 2012. Disponível em: <www.wired.com/2012/02/ff_forgettingpill/>. Acesso em: 21 maio 2023.
44. Ibidem.
45. Chuck Hustmyre e Jay Dixit, "Marked for mayhem", *PsychologyToday.com*, 1º jan. 2009. Disponível em: <www.psychologytoday.com/intl/articles/200901/markedmayhem>. Acesso em: 21 maio 2023.
46. Richard J. Mcnally, "Psychological debriefing does not prevent posttraumatic stress disorder", *Psychiatric Times*, v. 21, n. 4, 1º abr. 2004. Disponível em: <www.psychiatrictimes.com/ptsd/psychological-debriefing-does-not-preventposttraumatic-stress-disorder-0>. Acesso em: 21 maio 2023.
47. David J. Morris. "Trauma post trauma", *Slate.com*, 21 jul. 2015. Disponível em: <https://slate.com/technology/2015/07/prolonged-exposure-therapy-for-ptsdthe-vas-treatment-has-dangerous-side-effects.html>. Acesso em: 21 maio 2023.
48. Bessel van der Kolk, "The compulsion to repeat the trauma, re-enactment, revictimization, and masochism", *Psychiatric Clinics of North America*, v. 12, n. 2, jun. 1989, p. 389-411, jun. 1989.
49. Para uma descrição completa desse tipo de abordagem, ver Peter A. Levine, *Uma voz sem palavras — Como o corpo libera o trauma e restaura o bem-estar*. São Paulo: Summus, 2012.
50. Edward G. Meloni, Timothy E. Gillis, Jasmine Manoukian e Marc J. Kaufman, "Xenon impairs reconsolidation of fear memories in a rat model of post-traumatic

stress disorder (PTSD)" *PLoS One*, v. 9, n. 8, 27 ago. 2014. Disponível em: <https://doi.org/ 10.1371/journal.pone.0106189>. Acesso em: 21 maio 2023.
51. Tomás J. Ryan, Dheeraj S. Roy, Michele Pignatelli, Autumn Arons e Susumu Tonegawa, "Engram cells retain memory under retrograde amnesia", *Science*, v. 348, n. 6238, p. 1007-13, 29 maio 2015. Disponível em: https://doi.org/10.1126/science.aaa5542>. Acesso em: 21 maio 2023.
52. Paul Ekman, *Emotional awareness — Overcoming the obstacles to psychological balance and compassion*. Nova York: Times Books, 2008. p. 75.
53. James Hollis, *The Eden Project — The search for the magical other*. Toronto: Inner City Books, 1998.
54. Eric Kandel [Entrevista concedida a Claudia Dreifus]. "A quest to understand how memory works", *The New York Times*, 5 mar. 2012. Disponível em: <https://nytimes.com/2012/03/06/science/a-quest-to-understand-how-memory-works.html>. Acesso em: 21 maio 2023.

Capítulo 9

55. Peter A. Levine, *Waking the tiger — Healing trauma*. Berkeley: North Atlantic Books, 1997. [Ed. bras.: *O despertar do tigre — Curando o trauma*. 5. ed. rev. São Paulo: Summus, 2022.]
56. B. G. Dias e K. Ressler, "Parental olfactory experience influences behavior and neural structure in subsequent generations", *Nature Neuroscience*, v. 17, p. 89-96, 2014.
57. Michael Bond, "Trauma of war echoes down the generations", *New Scientist*, 4 fev. 2015. Disponível em: <http://www.newscientist.com /article/mg22530070.200-trauma-of-war-echoes-down-the-generations.html>.
58. Rachel Yehuda et al., "Phenomenology and psychobiology of the intergeracional response to trauma". In: Yael Danieli, *Intergenerational handbook of multigenerational legacies of trauma*. Nova York: Plenum, 1998.
59. Rupert Sheldrake, *The presence of the past — Morphic resonance and the habits of nature*. 4. ed. Londres: Park Street Press, 2012.
60. Rupert Sheldrake, *Morphic resonance — The nature of formative causation*. 4. ed. Londres: Park Street Press, 2009.

AGRADECIMENTOS

Ao lutar com o complexo tópico da memória traumática e torná-lo compreensível e prático, ofereço minha profunda e especial gratidão a Laura Regalbuto, minha editora principal. No entanto, sua contribuição vai muito além dessa função. Várias vezes ela me desafiou e provocou em direção a maior clareza, coesão e simplicidade. Laura, você é uma parceira e companheira de viagem nesta longa estrada de descoberta, entendimento e comunicação. Agradeço a Justin Snavely, frequentemente trabalhando nos bastidores, pela fabulosa assistência técnica e pela ajuda com as ilustrações.

Desejo estender meu agradecimento aos parceiros da North Atlantic Books (NAB), em especial a Erin Wiegand, gerente de projetos. Embora às vezes não concordássemos em todos os pontos editoriais, sempre houve um esforço colaborativo imbuído de boa vontade e respeito mútuo. Minha apreciação também a Lauren Harrison pela revisão, e à equipe artística da NAB, pela ajuda no *design* e no *layout* da capa.

Finalmente, a Richard Grossinger, fundador da North Atlantic Books: você mantém a visão de promover livros de alto calibre sobre cura. Espero que você e a NBA continuem nessa direção independente e pioneira. Muitos livros considerados "marginais" num certo momento agora compõem um *mainstream* revitalizado, em grande parte graças à sua visão e ao seu compromisso.

A Associação Brasileira do Trauma (ABT) é uma entidade dedicada ao estudo, pesquisa, tratamento e prevenção dos efeitos do trauma. Fundada em 2004, tem como missão divulgar o método SE™ – Somatic Experiencing® (Experiência Somática, em tradução livre), e é a única instituição autorizada pelo Somatic Experiencing® International (instituto norte-americano que detém os direitos de ensino e certificação desse método no mundo todo) a ensinar o método SE™ no Brasil. Formada por terapeutas praticantes do SE™, a ABT constituiu-se, ao longo dos anos, num espaço precioso de confluência e partilha de experiências, bem como de produção de conhecimento sobre essa abordagem e temas afins. Além disso, possibilita e estimula trabalhos sociais em diferentes frentes, promovendo o engajamento de alunos e terapeutas em diversos projetos.

Nesta jornada, a parceria com a editora Summus tem sido fundamental, no sentido de possibilitar a tradução e a divulgação dos livros de Peter A. Levine no Brasil, tanto para aqueles diretamente interessados na fundamentação e na sistematização do SE™, quanto para a comunidade em geral. Levine é autor dos livros *O despertar do tigre*, publicado em 24 línguas e com mais de 250 mil cópias vendidas, e *Uma voz sem palavras*, publicado mais recentemente, ambas as traduções frutos dessa parceria.

A biografia do autor, juntamente com uma literatura que reforça o princípio de que é possível prevenir e tratar transtornos de estresse pós-traumático, causados por situações avassaladoras, pode ser acessada no site da ABT: <www.traumatemcura.com.br>.

A SE™, segundo Levine, é uma abordagem educacional e terapêutica que tem como fundamento o princípio de que o trauma não está no evento, mas num padrão adaptativo e previsível que se instala no sistema neurofisiológico, quando não há recurso suficiente para lidar com tamanho estímulo estressante. Nesse contexto, a memória sensório-motora refém desse padrão adaptativo, quando acessada na SE™, pode ser liberada, permitindo que o sistema nervoso autônomo alcance uma condição mais saudável de resiliência na sua autorregulação. Daí a relevância de a obra *Trauma and memory — Brain and body in a search for the living past* ser traduzida para língua portuguesa, atendendo não só a alunos em curso e terapeutas já formados no método como também ao público em geral.

A intenção da ABT ao convidar a editora Summus para mais este projeto foi buscar com primor ser o mais fiel possível à obra original. Nesse sentido, não medimos esforços no cuidado e no apuro para a realização desta edição. Participar do planejamento e da realização de um projeto editorial que permite o acesso a conhecimentos tão relevantes para o tratamento do trauma e do sofrimento humano é uma grande responsabilidade. Ter a consciência do alcance que esta obra poderá ter torna a missão singular e sublime, trazendo-nos também grande satisfação e alegria. Por isso, agradecemos a todos que participaram desse processo. Que esta obra possa atender e ser útil na sua jornada como terapeuta e educador.

Sergio Luiz de Oliveira e Silva
Diretor-presidente e professor da Associação Brasileira do Trauma

leia também

O DESPERTAR DO TIGRE
Curando o trauma
Peter A. Levine

Best-seller no Brasil e no exterior, este livro oferece uma visão revolucionária a respeito do trauma. Para Peter A. Levine, somos seres únicos, dotados de grande instinto. Porém, ao utilizar apenas o nosso cérebro racional, deixamos de lado a capacidade curativa inerente ao nosso organismo. O autor parte da seguinte premissa: por que, embora sejam constantemente ameaçados na natureza, os animais não ficam traumatizados? Se compreendermos a dinâmica que torna esses animais imunes ao trauma, teremos pistas para compreender os mistérios do trauma humano. Nestas páginas, o leitor encontrará explicações biológicas, psicológicas e corporais sobre a consolidação do trauma na mente e no corpo. Então, por meio da Somatic Experiencing® — abordagem criada pelo autor — e de exercícios de conscientização, você aprenderá a identificar os sinais do trauma, acolhê-los e transformá-los. Nessa viagem de autoconhecimento, ficará claro que o nosso organismo tem uma sabedoria inata que precisa ser reconhecida e aplicada.

ISBN 978-65-5549-096-1

UMA VOZ SEM PALAVRAS
Como o corpo libera o trauma e
restaura o bem-estar
Peter A. Levine

Fruto de décadas de trabalho e pesquisa, esta obra do renomado autor de *O despertar do tigre* explica a natureza do trauma na psique, no cérebro e no corpo humanos. Partindo do princípio de que o trauma não é doença nem distúrbio, mas uma espécie de ferimento causado pelo medo e pela perda, Peter A. Levine mostra aqui que essas feridas podem ser curadas por meio da nossa capacidade inata de regular as emoções.

ISBN 978-85-3230-808-5

www.gruposummus.com.br